KERSTIN BOVENSIEPEN

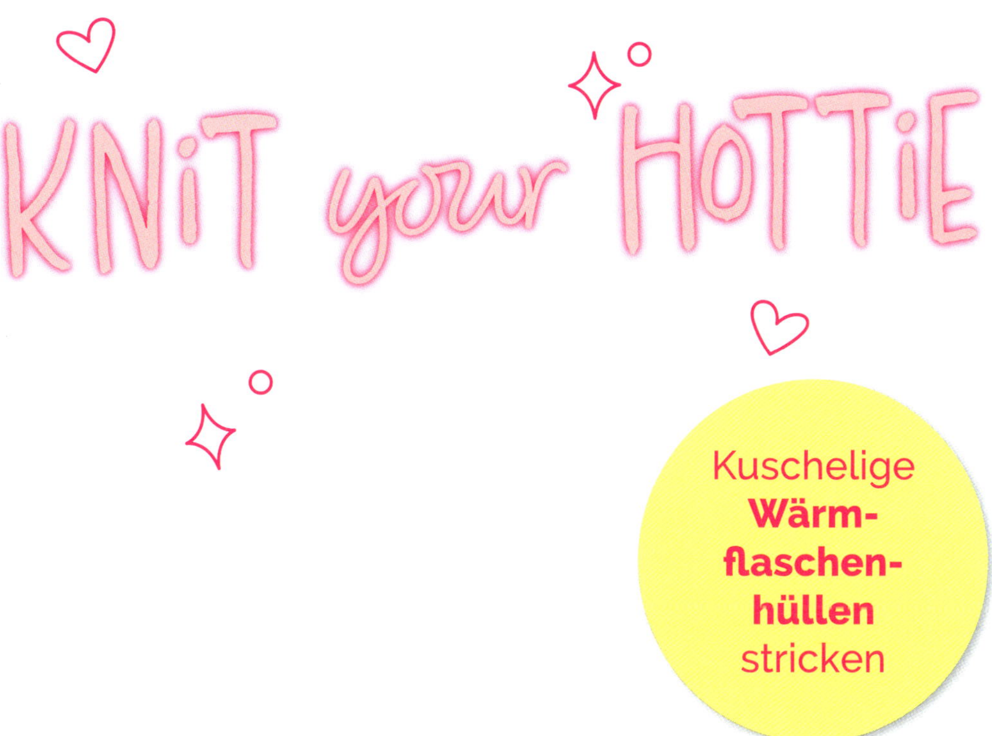

mvgverlag

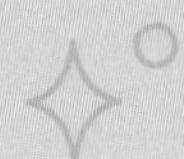

Bibliografische Information der Deutschen Nationalbibliothek
Die Deutsche Nationalbibliothek verzeichnet diese Publikation in der Deutschen Nationalbibliografie. Detaillierte bibliografische Daten sind im Internet über https://dnb.de abrufbar.

Für Fragen und Anregungen
info@m-vg.de

Originalausgabe
1. Auflage 2024

Türkenstraße 89
80799 München
Tel.: 089 651285-0

Redaktion: Annerose Sieck, Neumünster
Umschlaggestaltung und Layout: Maria Verdorfer
Umschlagabbildung und Aufmacherbilder: SHOT Stills – Katja Schubert, München
Satz: Bernadett Linseisen (schere.style.papier), München
Druck: Florjancic Tisk d.o.o., Slowenien
Printed in the EU

ISBN Print 978-3-7474-0549-9
ISBN E-Book (EPUB, Mobi) 978-3-96121-524-9

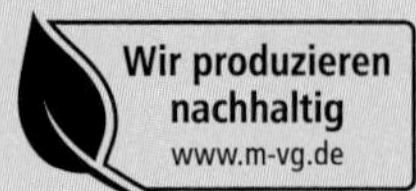

Weitere Informationen zum Verlag finden Sie unter
www.mvg-verlag.de
Beachten Sie auch unsere weiteren Verlage unter www.m-vg.de

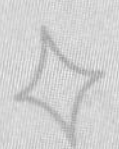

Inhalt

Grundlagen

Projekte

Willkommen

Wenn du diese Zeilen liest, ist es dir wahrscheinlich längst klar: Ich bin eine Frostbeule, und vielleicht geht es dir ja ähnlich. Sobald die Temperaturen im Oktober unter die 15-Grad-Marke fallen, werden meine Wärmflaschen aus ihrem Sommerschlaf geweckt. Dann schnell aufs Sofa unter die Kuscheldecke kriechen, eine Wärmflasche auf dem Bauch und am besten noch eine an die Füße – und plötzlich freut man sich gar auf gemütliche Winter-Kuschelabende vor dem Fernseher. Ich gestehe, ich liebe meine Wärmflaschen, und da wundert es kaum, dass es höchste Zeit für meine erste Wärmflaschen-Strickkollektion ist.

In diesem Buch erwartet dich eine Auswahl an Strickanleitungen, die Herzen, Füße, Bäuche und Rücken deiner Liebsten erwärmen. Als Geschenk oder für dich selbst, vom Wal als Kuschelfreund für Kinder bis zum schlichten, stilvollen Design findest du für jeden Anlass den passenden Bezug – funktional und liebevoll gestaltet.

Ich wünsche dir viel Spaß und lass die Nadeln glühen.

Deine Kerstin

Noch mehr Strickinspiration findest du auf

www.knitding.de/knityourhottie
www.knitding.com/online-kurs-programme
www.knitding.com/shop
www.instagram.com/knit.ding

Provisorischer Anschlag

Bei einem provisorischen Anschlag auf ein Seil werden gleichzeitig Maschen auf die Nadel sowie auf das Seil aufgeschlungen.

Beginne mit einer Anfangsschlaufe. Stich mit der rechten Nadel unter den Arbeitsfaden und wickle ihn einmal um die Nadel.

Führe die Nadel danach unter dem Seil hindurch und wieder nach oben. Jetzt liegt eine Masche auf der Nadel und eine Masche auf dem Seil.

Die Maschen auf dem Seil können später einfach auf eine Nadel gehoben werden.

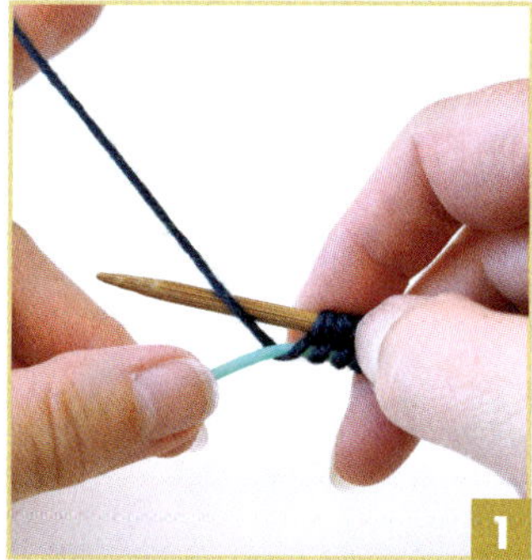
1

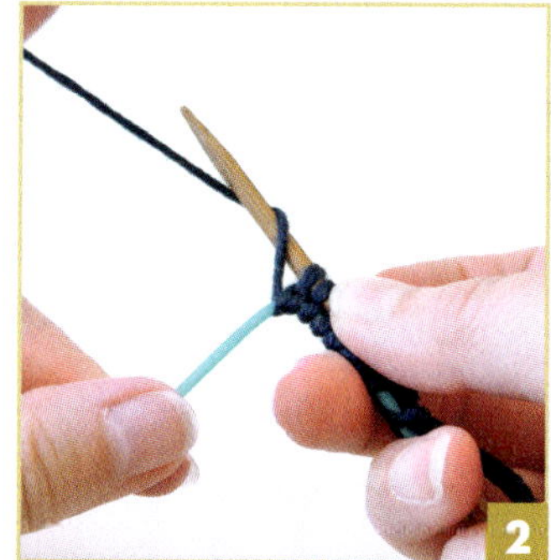
2

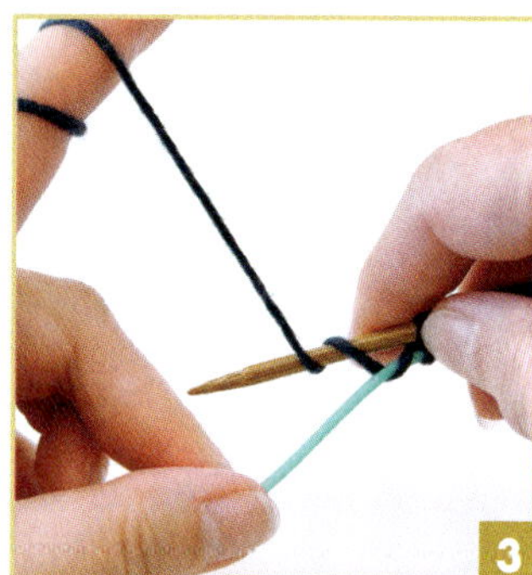
3

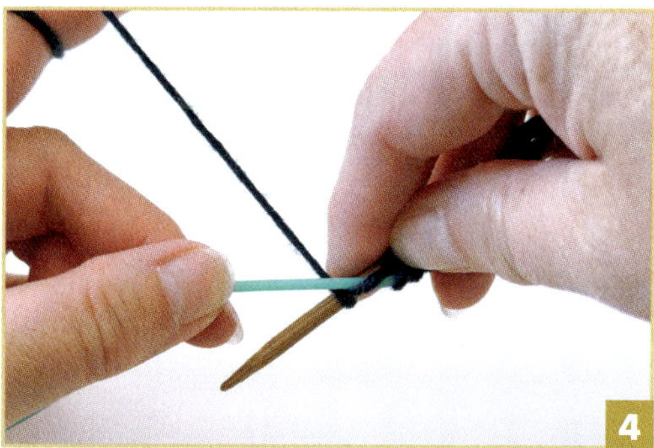
4

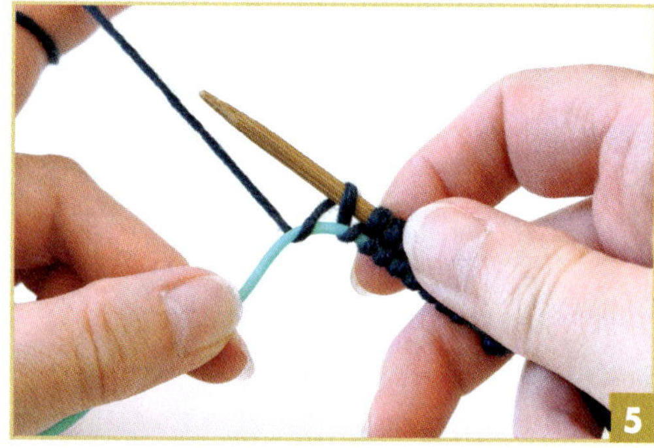
5

Wickelanschlag

Mit zwei Stricknadeln nebeneinander den Arbeitsfaden in Form einer Acht um die Nadel wickeln, bis die benötigte Maschenzahl erreicht wird. Nun die Maschen von jeder Nadel einzeln abstricken.

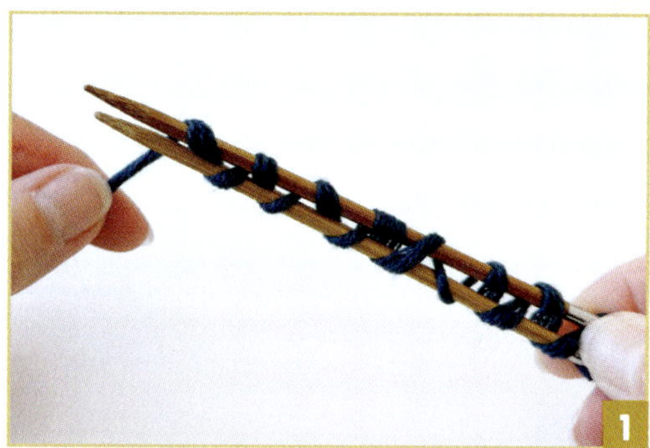
1

Zunahmen

Nach links geneigt aus dem Querfaden
Mit der linken Nadel von vorne den Querfaden zwischen der rechten und linken Nadel aufnehmen und verschränkt stricken.

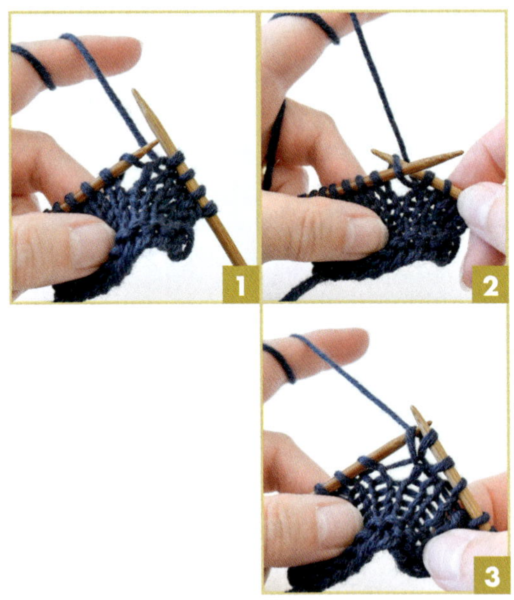

Nach rechts geneigt aus dem Querfaden
Mit der linken Nadel von hinten den Querfaden zwischen der rechten und linken Nadel aufnehmen und rechts abstricken.

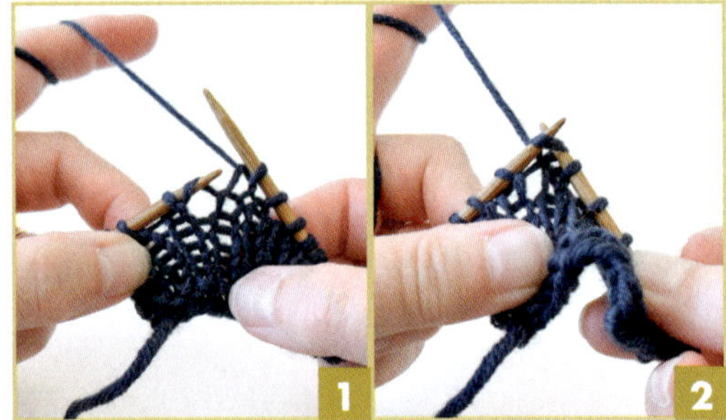

3 Maschen aus 1 Masche herausstricken (kfbf)
Die nächste Masche rechts stricken, jedoch auf der linken Nadel lassen und diese Masche erneut rechts verschränkt stricken. Danach dieselbe Masche noch einmal rechts stricken und auf die rechte Nadel gleiten lassen.

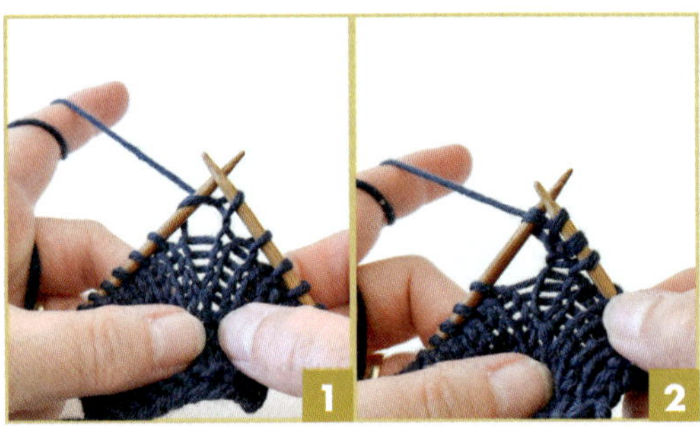

3 Maschen aus 1 Masche herausstricken mit Umschlag

Die nächste Masche rechts stricken, jedoch auf der linken Nadel lassen und einen Umschlag arbeiten. Danach dieselbe Masche noch einmal rechts stricken und auf die rechte Nadel gleiten lassen.

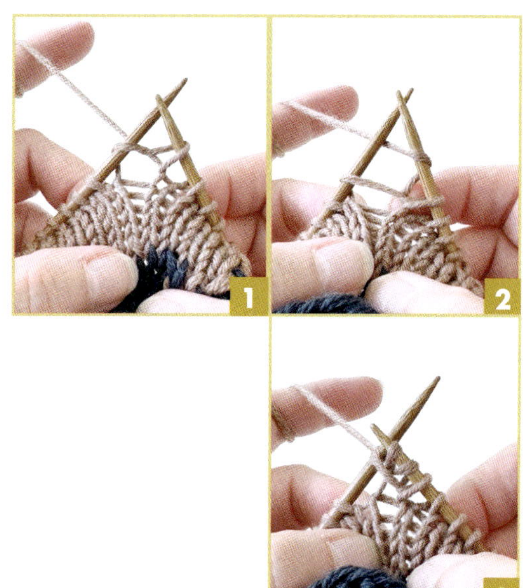

Abnahmen

Maschen rechts zusammenstricken

Mit der rechten Nadel gleichzeitig in beide Maschen von links nach rechts wie zum Rechtsstricken einstechen und abstricken.

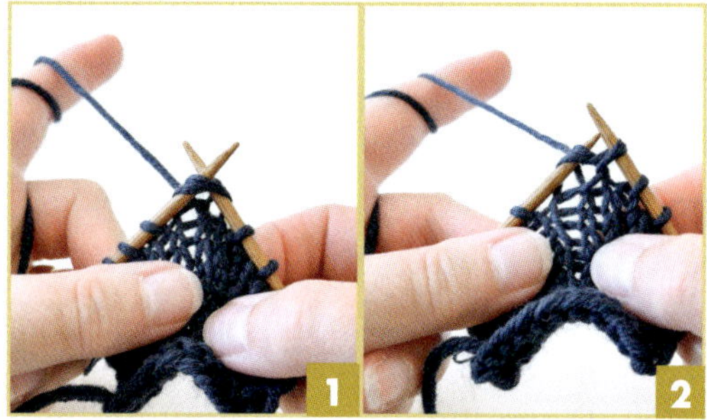

Maschen links zusammenstricken

Mit der rechten Nadel gleichzeitig in beide Maschen von rechts nach links wie zum Linksstricken einstechen und abstricken.

Nach links geneigte Abnahme

Mit der rechten Nadel die nächsten zwei Maschen wie zum Rechtsstricken abheben, zurück auf die linke Nadel legen und anschließend rechts verschränkt zusammenstricken.

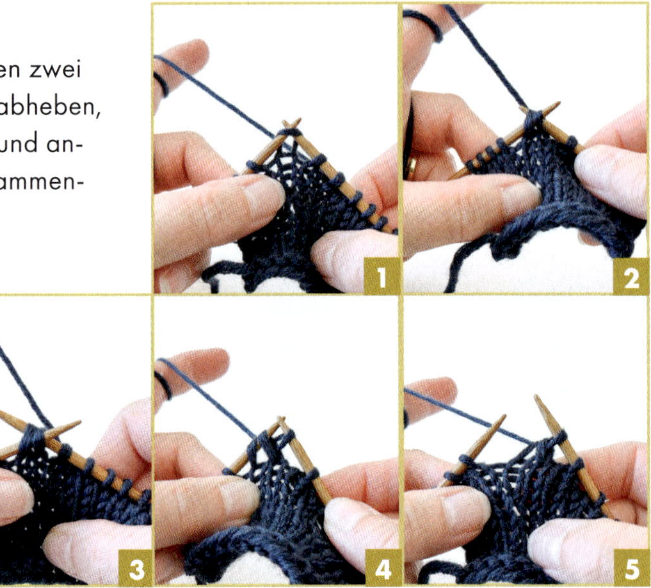

3 Maschen mit vorgelagerter Mittelmasche zusammenstricken

Zwei Maschen gleichzeitig mit dem Faden vorn wie zum Rechtsstricken abheben, die nächste Masche rechts stricken. Die beiden abgehobenen Maschen über die rechts gestrickte Masche ziehen.

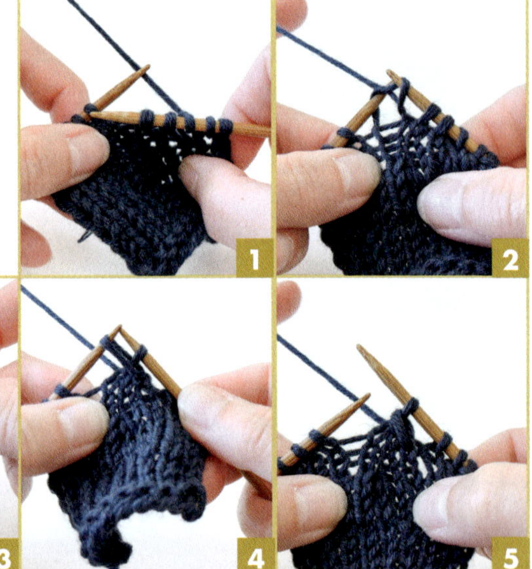

Maschen an einer Seitenkante aufnehmen

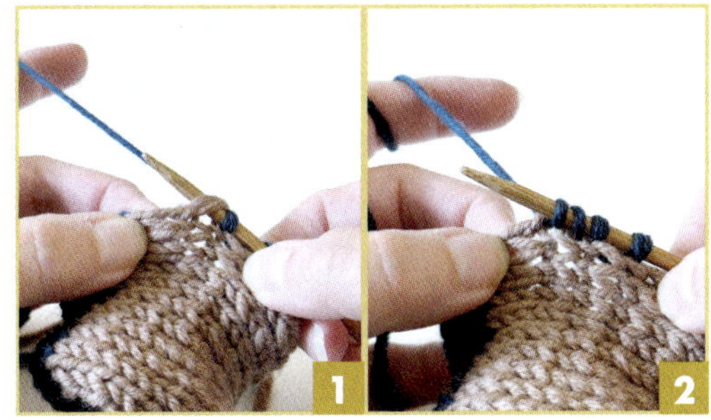

Hierfür werden an einer Seitenkante rechte Maschen herausgestrickt. Da gestrickte Maschen breiter sind als hoch, wird nicht jede Masche aus einer Kante herausgestrickt, sondern in einem Verhältnis von 3:4.

Jacquardtechnik: Stricken mit zwei Farben

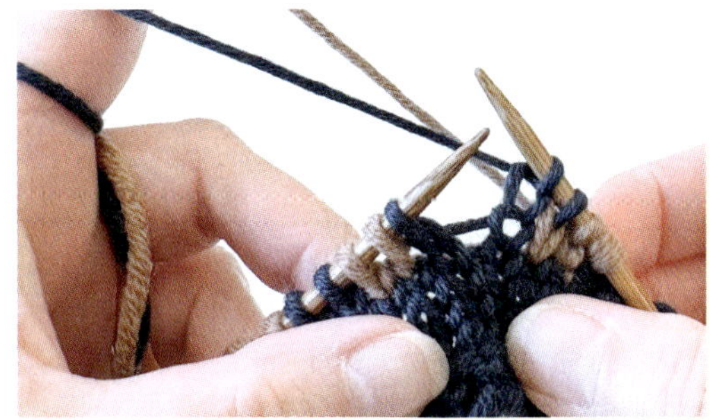

Bei der Jacquardtechnik wird gleichzeitig in einer Reihe mit zwei Farben gestrickt.

Wichtig sind dabei die Fadenhaltung und Fadenspannung.

Dafür beide Fäden über den linken Zeigefinger legen und immer wieder die Fadenspannung regulieren.

Formen mit verkürzten Reihen

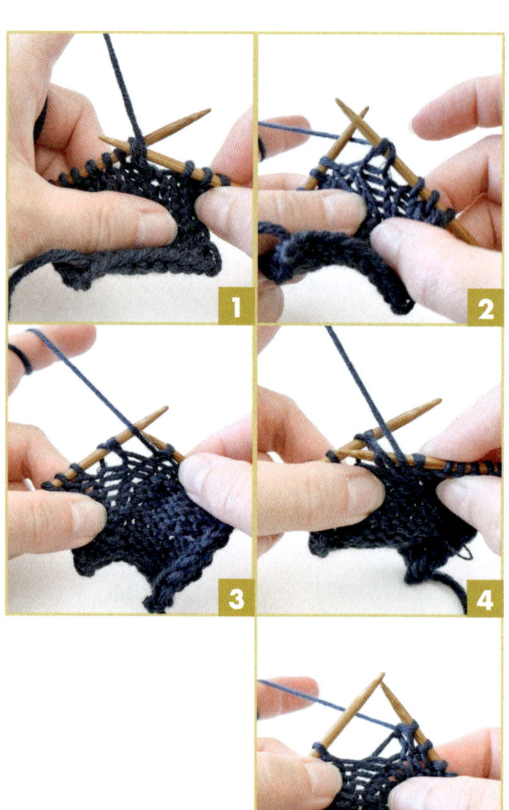

Bei verkürzten Reihen wird eine Reihe nur über einen Teil der Maschen gestrickt. Dazu wird die Arbeit gewendet.

Nach der Wendung wird die erste Masche mit dem Faden vor der Arbeit wie zum Linksstricken abgehoben. Den Arbeitsfaden dabei über die rechte Nadel nach hinten ziehen. Jetzt sind beide Maschenschenkel sichtbar.

Beide Maschenschenkel der Wendemasche werden später als eine Masche gestrickt.

Maschenstich – Masche an Masche

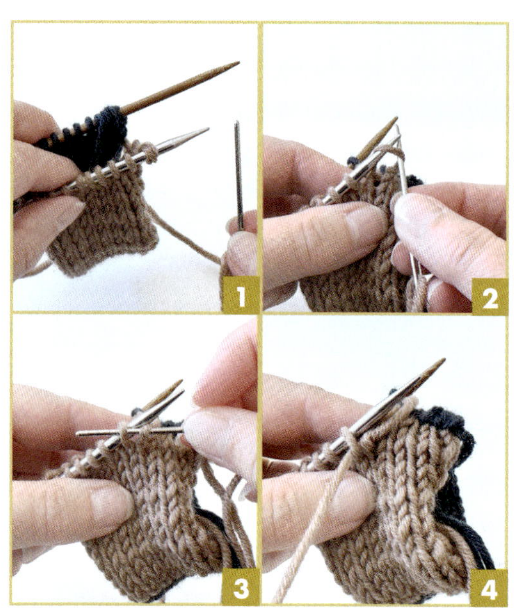

Mithilfe des Maschenstichs können zwei Kanten unsichtbar aneinandergenäht werden. Der Maschenstich bildet eine rechts gestrickte Masche nach.

Beide Kanten links auf links zusammenlegen. In die 1. rechte Masche wie zum Rechtsstricken einstechen und auf die Nähnadel gleiten lassen. In die nächste rechte Masche wie zum Linksstricken einstechen, die Nadel durchziehen und die Masche auf der Stricknadel lassen.

Dann in die 1. linke Masche wie zum Linksstricken einstechen und auf die Nähnadel gleiten lassen. In die nächste linke Masche wie zum Rechtsstricken einstechen, die Nadel durchziehen und die Masche auf der Stricknadel lassen.

Diese Schritte wiederholen, bis alle Maschen verbunden sind.

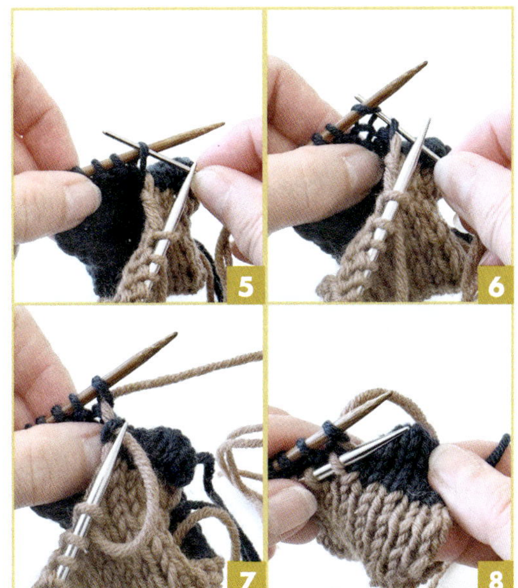

Verzierungen

Maschen aufsticken

Der Maschenstich bildet eine rechte Masche nach.

Zunächst unterhalb der zu bestickenden Masche einstechen. Oberhalb der zu bestickenden Masche durch beide Maschenschenkel durchstechen und in die Einstichstelle unterhalb der zu bestickenden Masche noch einmal einstechen.

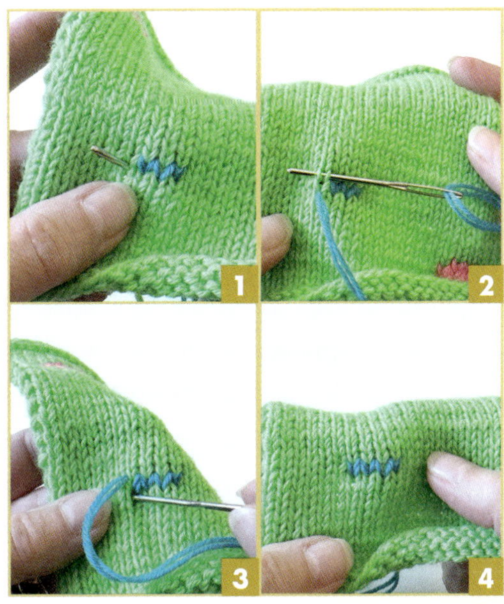

Häkelnaht

Mit einer Luftmaschenkette können beliebig geformte Linien auf das Strickstück gehäkelt werden. Mit einer Luftmasche beginnen. Die Häkelnadel durch beide Maschenschenkel stechen und eine feste Masche häkeln. Für mehr Struktur kann eine Luftmasche zwischen den festen Maschen gehäkelt werden.

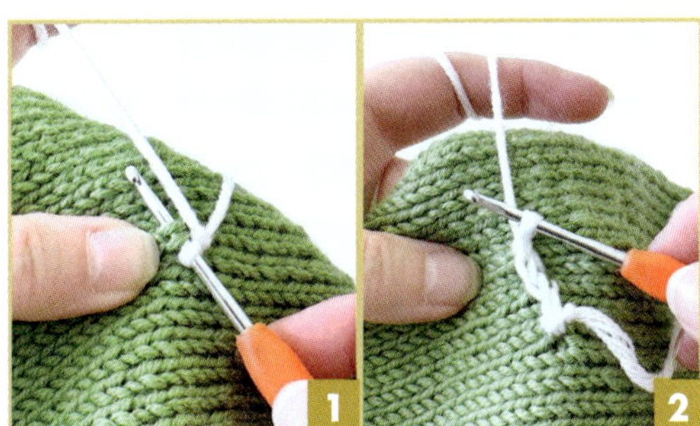

Zöpfe stricken

Rechts geneigter Zopf

Die zu verzopfenden Maschen auf eine Hilfsnadel hinter die Arbeit legen, die nächsten Maschen rechts stricken. Danach die Maschen auf der Hilfsnadel rechts abstricken.

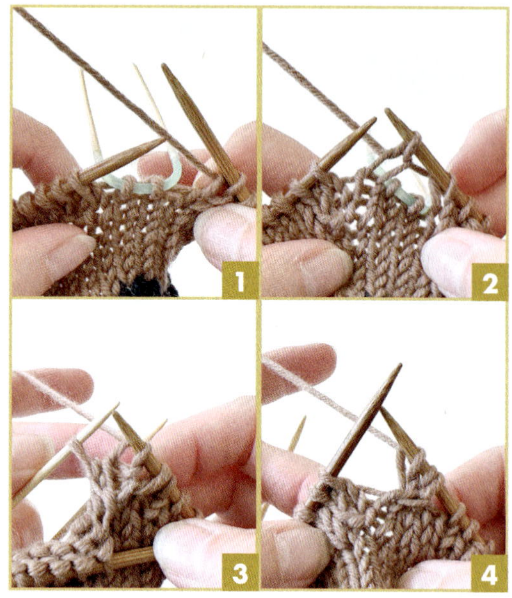

Links geneigter Zopf

Die zu verzopfenden Maschen auf eine Hilfsnadel vor die Arbeit legen, die nächsten Maschen rechts stricken. Danach die Maschen auf der Hilfsnadel rechts abstricken.

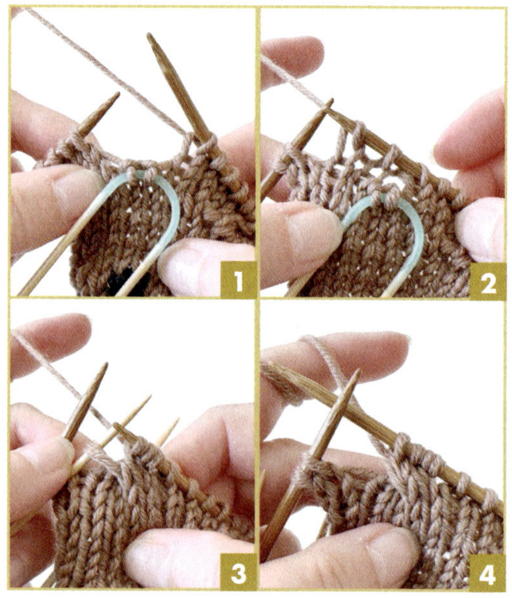

Abkürzungen

abh	abheben
abk	abketten
anschl	anschlagen
Fb	Farbe
FH	Faden hinten
FV	Faden vorne
LL	Lauflänge
HF	Hauptfarbe
KF	Kontrastfarbe
M	Masche(n)
M1L	1 rechte Masche links geneigt aus dem Querfaden zunehmen
M1R	1 rechte Masche rechts geneigt aus dem Querfaden zunehmen
MM	Maschenmarkierer
MS	Mustersatz
Nd	Nadel(n)
R	Reihe(n)
Rd	Runde(n)
RM	Randmasche
str	stricken
U	Umschlag
verschr	verschränkt
wdh	wiederholen
WM	Wendemasche
zun/Zun	zunehmen/Zunahme(n)
zusstr	zusammenstricken

Schwierigkeitsgrad

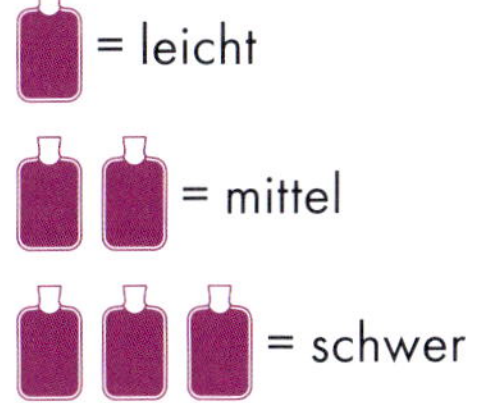

Zu den Größen

Bis auf die Kinderwärmflasche in Wal-Form entsprechen alle Hotties der Größe einer Standard-2-Liter-Wärmflasche.

Angaben in cm.

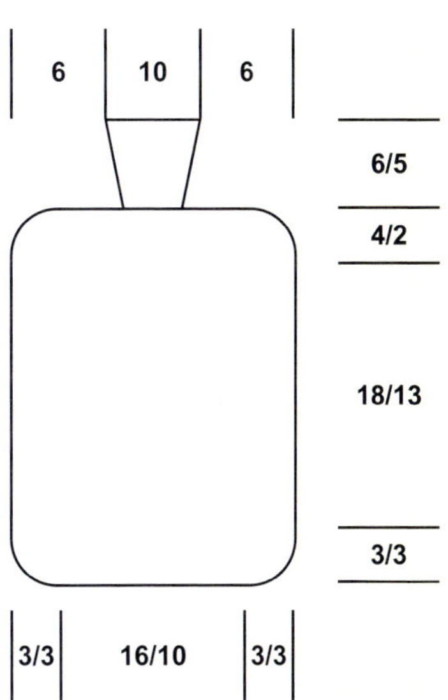

Basic

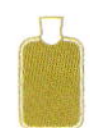

Größe

Standard-2-Liter-Flasche (siehe Zeichnung S. 13)
Fertige Maße: 31 x 22 cm

Material

Schachenmayr Regia Premium Alpaca Soft (62 % Wolle, 23 % Polyamid, 15 % Alpaka, LL 310 m/100 g) in Fb Natur meliert (002): 100 g
Rundstricknadel 4,0 mm und 3,5 mm, 80 cm lang
4 Maschenmarkierer
Wollnadel

Maschenprobe

Mit Nd 4,0 mm glatt rechts mit doppeltem Fd:
17 M und 26 R = 10 x 10 cm

Grundmuster

Glatt rechts in Rd: Stets rechte M str.
Bündchenmuster: *2 M rechts, 2 M links str*, von * bis * stets wdh.

So geht's

Maschenanschlag

Mit Nd 4,0 mm und doppeltem Fd 52 M mit dem Wickelanschlag auf 2 Nd anschl (je Nd 26 M). Nun die M von jeder Nd einzeln nacheinander abstricken wie folgt:
Nächste (Rd): Die M der 1. Nd abstr und die 2. Nd vorziehen. Die folgenden M der 2. Nd rechts verschr str.

Zunahmen Flaschenboden

1. Rd: 1. Nd 1 M rechts, MM1 setzen, M1L, rechte M str bis 1 M vor Nd-Ende, M1R, MM2 setzen, 1 M rechts, 2. Nd 1 M rechts, MM3 setzen, M1L, rechte M str bis 1 M vor Nd-Ende, M1R, MM4 setzen, 1 M rechts (= + 4 M).
2./4./6. Rd: Rechte M str (alle MM abh).
3./5./7./8. Rd: 1. Nd 1 M rechts, MM1 abh, M1L, rechte M str bis 1 M vor Nd-Ende, M1R, MM2 abh,1 M rechts, 2. Nd 1 M rechts, MM3 abh, M1L, rechte M str bis 1 M vor Nd-Ende, M1R, MM4 abh, 1 M rechts (= + 4 M).
Es wurden + 20 M zugenommen, und es sind jetzt 74 M auf der Nd. Ab hier kann auch mit nur einer Nd weitergearbeitet werden.

Körper

18 cm glatt rechts in Rd str. MM1 ist der Rd-MM.

Formgebung Flaschenhals

Abnahmen an beiden Seiten für die Rundung arbeiten.
1./3./5./7./9. Rd: *2 M rechts zusstr, rechte M str bis 2 M vor MM2, 2 M links geneigt zusstr, MM2 abh, 2 M rechts str, MM3 abh*, von * bis * 1 x für MM4 und MM1 wdh (= – 4 M).
2./4./6./8./10. Rd: rechte M str (alle MM abh).
Es wurden 20 M abgenommen, und es sind jetzt 52 M auf der Nd. MM2 bis MM4 entfernen.

Flaschenhals

Zu Nd 3,5 mm wechseln und 18 cm im Bündchenmuster str. Alle M locker abk.

Fertigstellung

Die restlichen Fäden vernähen. Vorsichtig waschen und trocknen lassen (Angaben des Garnherstellers beachten).

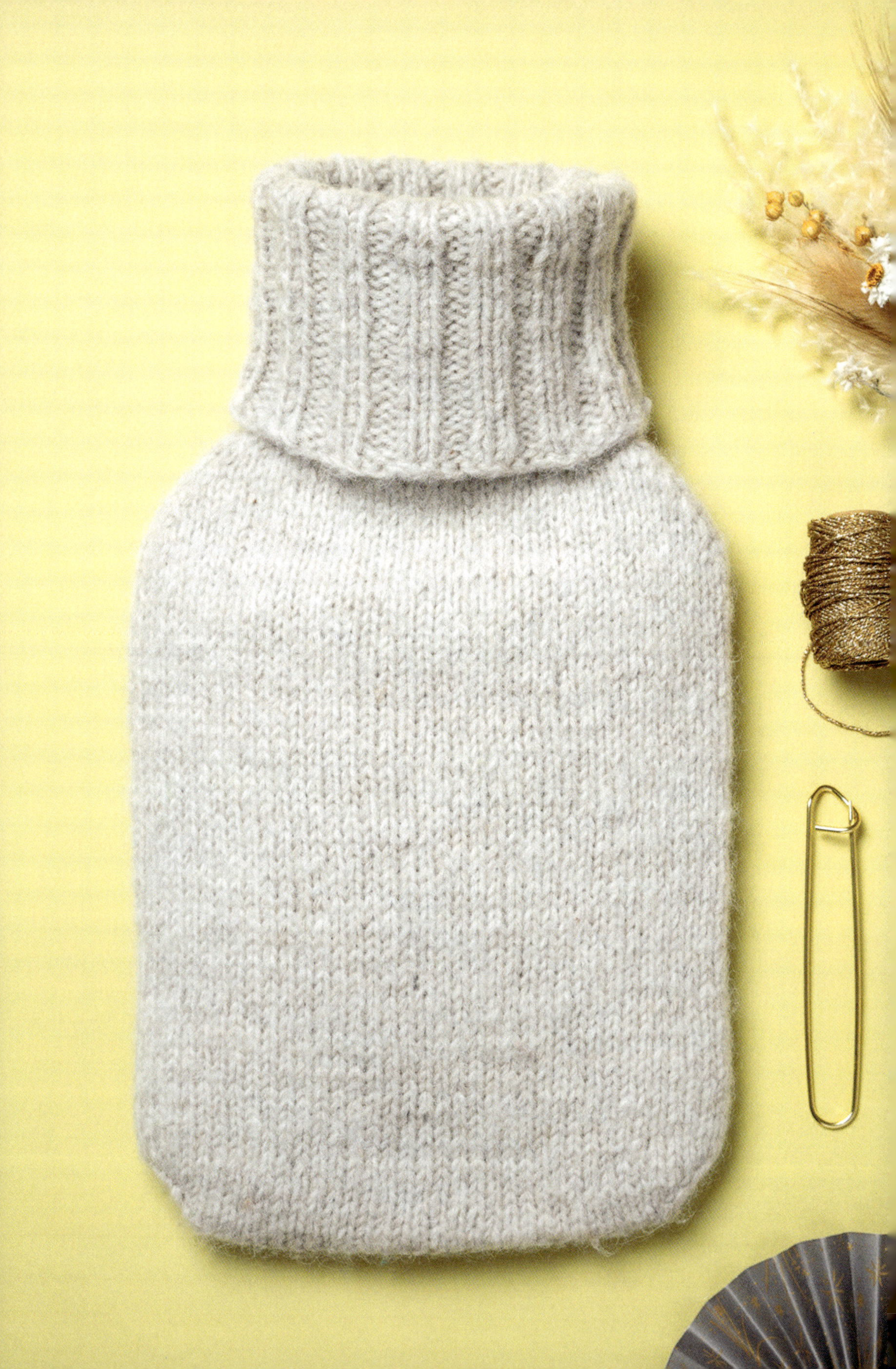

Confetti

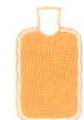

Größe

Standard-2-Liter-Flasche (siehe Zeichnung S. 13)
Fertige Maße: 31 x 22 cm

Material

Lana Grossa Confetti (100 % Schurwolle, LL 50 m/100 g) in Fb Weiß/Neonpink/Gelb/Neongrün/Neonorange/Jade (003): 200 g
Rundstricknadel 7,5 mm, 80 cm lang
4 Maschenmarkierer
Wollnadel

Maschenprobe

Mit Nd 7,5 mm glatt rechts:
9 M und 15 R = 10 x 10 cm

Grundmuster

Glatt rechts in Rd: Stets rechte M str.

So geht's

Maschenanschlag

Mit Nd 7,5 mm 28 M mit dem Wickelanschlag auf 2 Nd anschl (je Nd 14 M).
Nun die M von jeder Nd einzeln nacheinander abstricken wie folgt:
Nächste (Rd): Die M der 1. Nd abstr und die 2. Nd vorziehen. Die folgenden M der 2. Nd rechts verschr str.

Zunahmen Flaschenboden

1. Rd: 1. Nd 1 M rechts, MM1 setzen, M1L, rechte M str bis 1 M vor Nd-Ende, M1R, MM2 setzen,1 M rechts, 2. Nd 1 M rechts, MM3 setzen, M1L, rechte M str bis 1 M vor Nd-Ende, M1R, MM4 setzen, 1 M rechts (= + 4 M).
2. Rd: rechte M str (alle MM abh).
3./4. Rd: 1. Nd 1 M rechts, MM1 abh, M1L, rechte M str bis 1 M vor Nd-Ende, M1R, MM2 abh,1 M rechts, 2. Nd 1 M rechts, MM3 abh, M1L, rechte M str bis 1 M vor Nd-Ende, M1R, MM4 abh, 1 M rechts (= + 4 M).
Es wurden + 12 M zugenommen, und es sind jetzt 40 M auf der Nd. Ab hier kann auch mit nur einer Nd weitergearbeitet werden.

Körper

18 cm glatt rechts in Rd str. MM1 ist nun der Rd-MM.

Formgebung Flaschenhals

Abnahmen an beiden Seiten für die Rundung arbeiten.
1./3./5. Rd: *2 M rechts zusstr, rechte M str bis 2 M vor MM2, 2 M links geneigt zusstr, MM2 abh, 2 M rechts str, MM3 abh*, von * bis * 1 x für MM4 und MM1 wdh (= – 4 M).
2./4./6. Rd: Rechte M str (alle MM abh).
Es wurden 12 M abgenommen, und es sind jetzt 28 M auf der Nd. MM2 bis MM4 entfernen.

Flaschenhals

Mit Nd 7,5 mm 13 cm rechts in Rd str und sehr locker abk.

Fertigstellung

Die Fäden vernähen. Vorsichtig waschen und trocknen lassen (Angaben des Garnherstellers beachten).

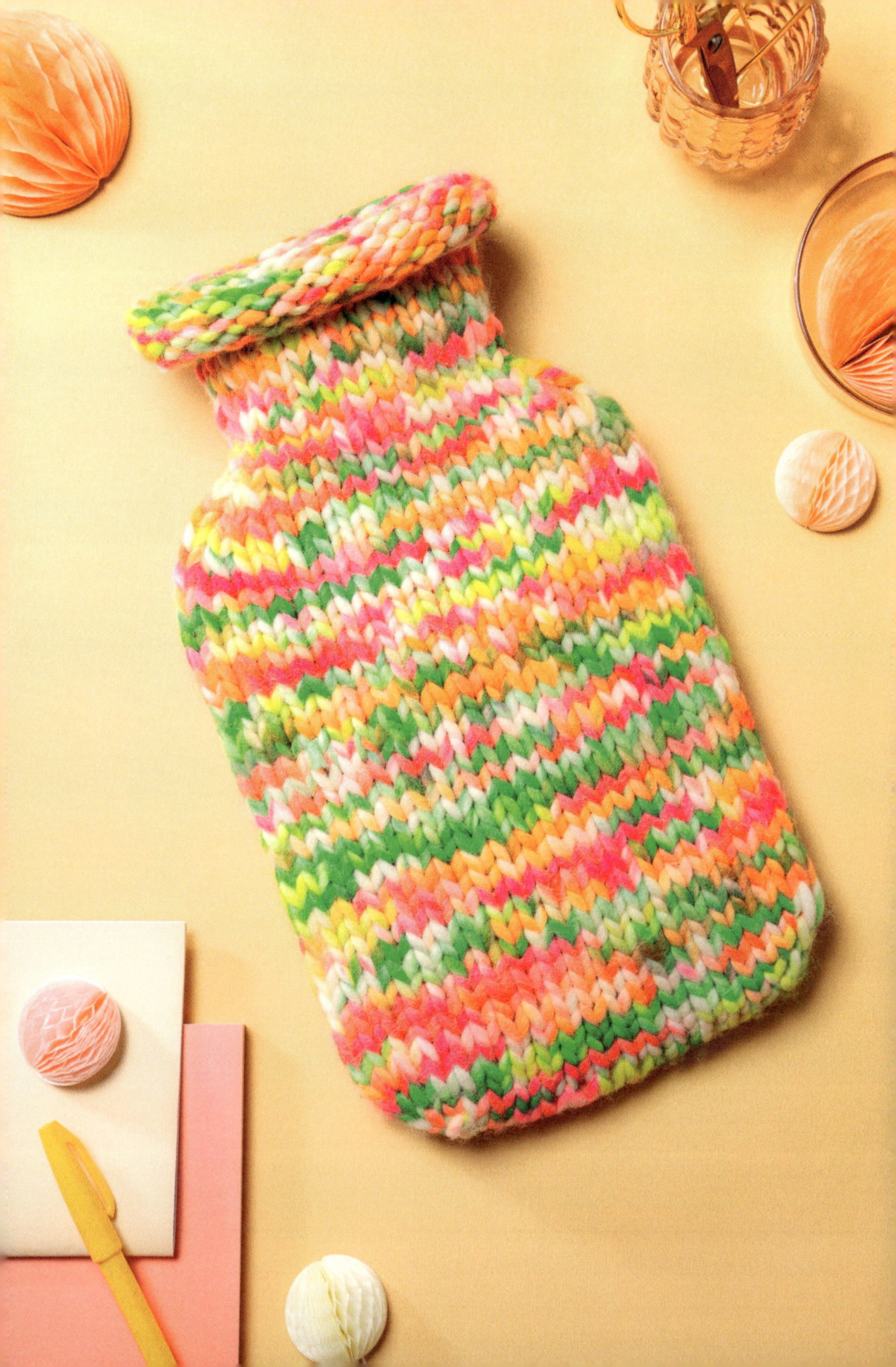

Leo

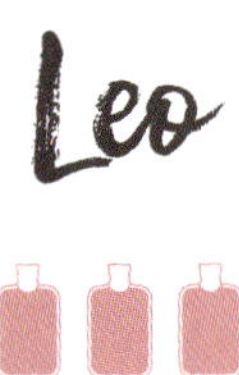

Größe

Standard-2-Liter-Flasche (siehe Zeichnung S. 13)
Fertige Maße: 31 x 22 cm

Material

Lang Yarns Jawoll (75 % Schurwolle, 25 % Polyamid, LL 210 m/50 g) in
Farbvariante A in Fb A Weiß (001), Fb B Gold (150), Fb C Türkis (279): je 50 g;
Farbvariante B in Fb A Weiß (001), Fb B Blau (007): je 50 g, Fb C Cognac (339): 100 g;
Farbvariante C in Fb A Neon Pink (385), Fb B Schwarz (004), Fb C Anthrazit meliert (070)
Rundstricknadel 3,5 und 3,0 mm, 80 cm lang
4 Maschenmarkierer
Wollnadel

Maschenprobe

Mit Nd 3,5 mm in Fb A oder B glatt rechts mit doppeltem Fd: 22 M und 30 R = 10 x 10 cm

Grundmuster

Glatt rechts in Rd: Stets rechte M str.
Bündchenmuster: *1 M rechts verschr, 1 M links str*, von * bis * stets wdh.
Leopardenmuster: In Fb A und Fb B nach der Strickschrift str. Es sind alle Rd gezeichnet. Den MS von 24 M stets wdh und die 1.–24. Rd 1 x str. Der MS kann um jeweils 12 Rd verlängert werden.

So geht's

Maschenanschlag

In Fb C mit doppeltem Fd und Nd 3,5 mm 68 M mit dem Wickelanschlag auf 2 Nd anschl (je Nd 34 M).
Nun die M von jeder Nd einzeln nacheinander abstricken wie folgt:
Nächste (Rd): Die M der 1. Nd abstr und die 2. Nd vorziehen. Die folgenden M der 2. Nd rechts verschr str.

Zunahmen Flaschenboden

1. Rd: 1. Nd 1 M rechts, MM1 setzen, M1L, rechte M str bis 1 M vor Nd-Ende, M1R, MM2 setzen, 1 M rechts, 2. Nd 1 M rechts, MM3 setzen, M1L, rechte M str bis 1 M vor Nd-Ende, M1R, MM4 setzen, 1 M rechts (= + 4 M).
3./5./7./9./11./12. Rd: 1. Nd 1 M rechts, MM1 abh, M1L, rechte M str bis 1 M vor Nd-Ende, M1R, MM2 abh, 1 M rechts, 2. Nd 1 M rechts, MM3 abh, M1L, rechte M str bis 1 M vor Nd-Ende, M1R, MM4 abh, 1 M rechts (= + 4 M).
2./4./6./8./10. Rd: Rechte M str und alle MM abh.
Es wurden 28 M zugenommen, und es sind 96 M auf der Nd. Ab hier kann auch mit nur einer Nd weitergearbeitet werden.
Rd-Beginn ist 1 M vor MM1.

Mustereinteilung

Variante A:
5 cm glatt rechts in Fb C in Rd str. Dann das Leopardenmuster in Fb A und B glatt rechts in Jacquardtechnik gemäß Strickschrift str. Über alle M die Strickschrift 4 x arbeiten und 1 x die 1.–24. Rd

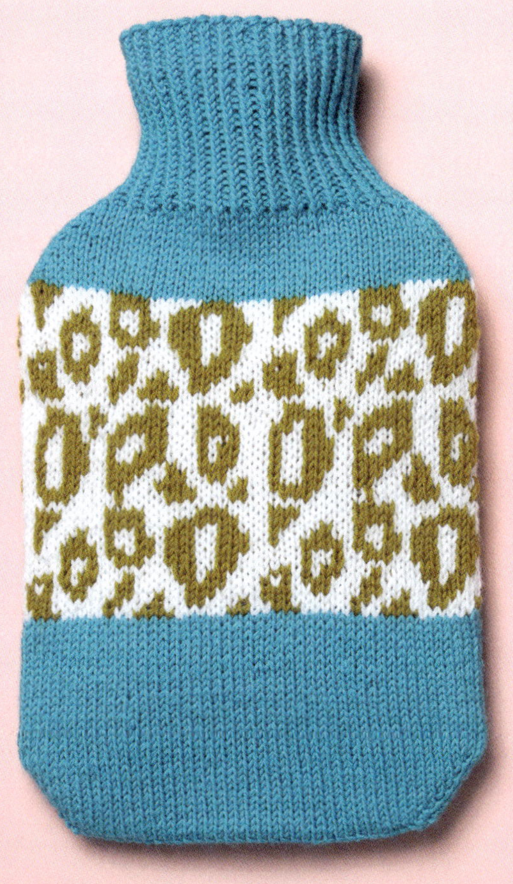

FARBVARIANTE A

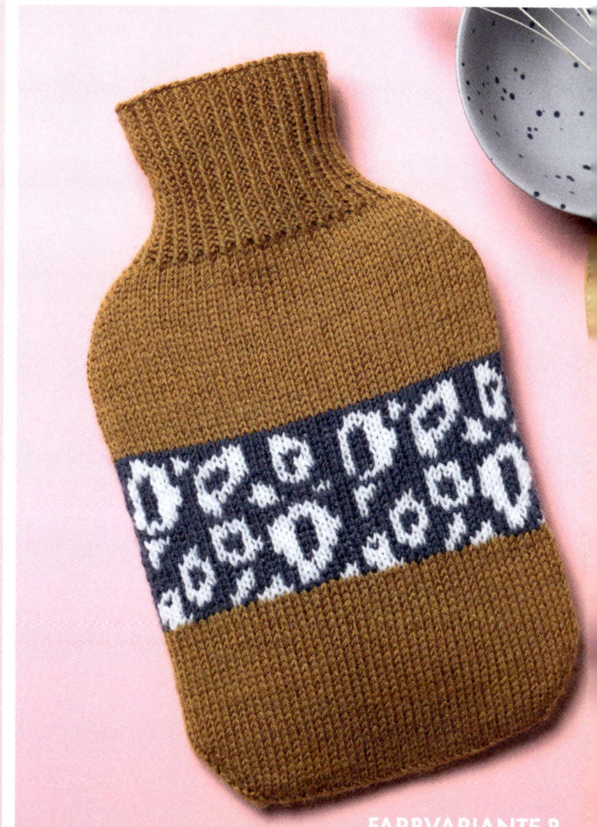

FARBVARIANTE B

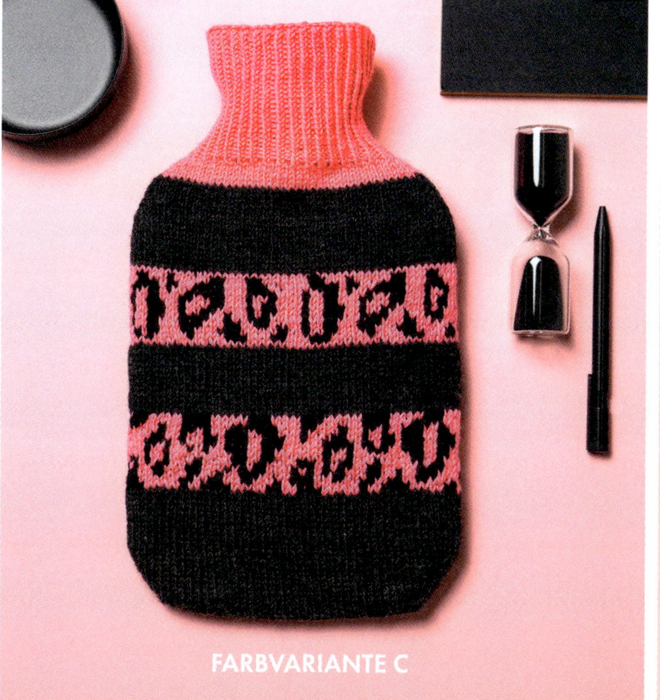

FARBVARIANTE C

plus 1 x die 1.–12. Rd str. Fb A und B abschneiden.

Variante B:

5 cm glatt rechts in Fb C in Rd str. Dann das Leopardenmuster in Fb A und B glatt rechts in Jacquardtechnik gemäß Strickschrift str. Über alle M die Strickschrift 4 x arbeiten und 1 x die 1.–24. Rd str. Fb A und B abschneiden.

Glatt rechts in Fb C in Rd str, bis eine Höhe von 18 cm nach den Zunahmen erreicht wird.

Variante C:

12 Rd glatt rechts in Fb C str. Dann das Leopardenmuster in Fb A und B glatt rechts in Jacquardtechnik gemäß Strickschrift str.

Über alle M die Strickschrift 4 x arbeiten und 1 x die 1.–12. Rd str.

12 Rd glatt rechts in Fb C in Rd str und wieder zum Leopardenmuster wechseln. Über alle M die Strickschrift 4 x arbeiten und 1 x die 13.–24. Rd str.

Fb A und B abschneiden.

12 Rd glatt rechts in Fb C str bzw. so lange das Garn reicht. Danach zu Fb A wechseln und damit auch den Flaschenhals str.

Formgebung Flaschenhals

In Fb C Abnahmen an beiden Seiten für die Rundung arbeiten. MM 1 ist jetzt der Rd-MM.

1./3./5./7./9./11./13. Rd: *2 M rechts zusstr, rechte M str bis 2 M vor MM2, 2 M links geneigt zusstr, MM2 abh, 2 M rechts, MM3 abh*, von * bis * 1 x für MM4 und MM1 wdh (= – 4 M).

2./4./6./8./10./12. Rd: Rechte M str und alle MM abh.

Es wurden 28 M abgenommen, und es sind jetzt 68 M auf der Nd. MM2 bis MM4 entfernen.

Flaschenhals

In Fb C mit Nd 3,0 mm 8 cm im Bündchenmuster str und alle M sehr locker abk.

Fertigstellung

Die Fäden vernähen, vorsichtig waschen und trocknen lassen (Angaben des Garnherstellers beachten).

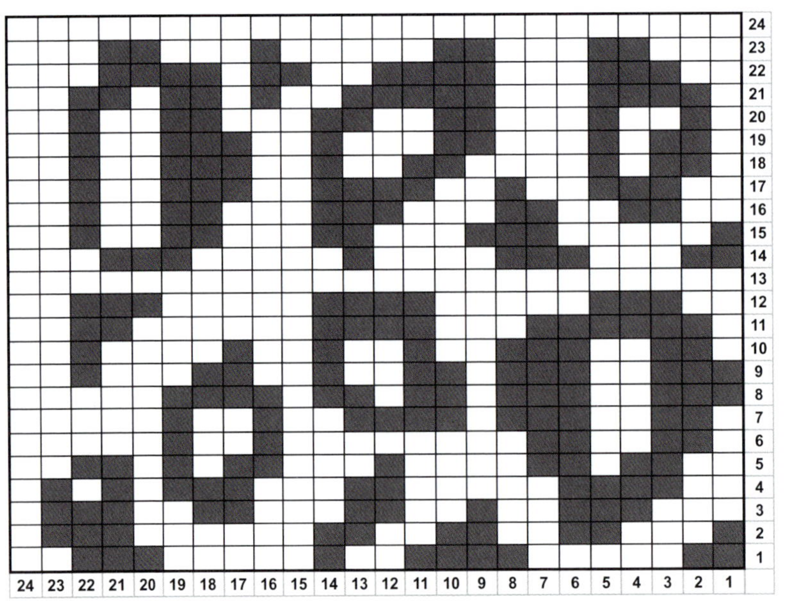

Teddy

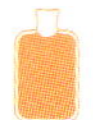

Größe

Standard-2-Liter-Flasche (siehe Zeichnung S. 13)
Fertige Maße: 31 x 22 cm

Material

ISAGER Bouclé (100 % Alpaka, LL 175 m/50 g) in Fb (6S): 50 g
ISAGER ECO BABY (68 % Baby Alpaka, 32 % Baumwolle, LL 150 m/50 g) in Fb (E7S): 50 g
Rundstricknadel 4,0 und 3,5 mm, 80 cm lang
4 Maschenmarkierer
Wollnadel

Maschenprobe

Mit Nd 4,0 mm im Perlmuster mit doppeltem Fd aus beiden Garnen:
17 M und 24 R = 10 x 10 cm

Grundmuster

Bündchenmuster:
1. Rd: Alle M rechts str.
2. Rd: *1 M links, 1 M rechts*, stets wdh.
Perlmuster:
1. Rd: *1 M rechts, 1 M links*, stets wdh.
2. Rd: *1 M links, 1 M rechts*, stets wdh.
Seitennaht 2 M: Die Seitennaht über 2 M wird immer rechts gestrickt.

So geht's

Maschenanschlag

Mit beiden Fd und Nd 3,5 mm 54 M anschl und vorsichtig zur Rd schließen.

Bündchen Flaschenhals

Zu Beginn werden die MM für die Seitennähte gesetzt und direkt die Fake-Naht über 2 rechte M etabliert.
1. Rd: 1 M rechts, MM1 setzen, 25 M rechts, MM2 setzen, 2 M rechts, MM3 setzen, 25 M rechts, MM4 setzen, 1 M rechts.
2. Rd: 1 M rechts, MM1 abh, *1 M links, 1 M rechts*, von * bis * 12 x wdh, 1 M links, MM2 abh, 2 M rechts, MM3 abh, *1 M links, 1 M rechts*, von * bis * 12 x wdh, 1 M links, MM4 abh, 1 M rechts.
3. Rd: Rechte M str, dabei alle MM abh.
4. Rd: 1 M rechts, MM1 abh, *1 M links, 1 M rechts, von * bis * 12 x wdh, 1 M links, MM2 abh, 2 M rechts, MM3 abh, *1 M links, 1 M rechts, von * bis * 12 x wdh, 1 M links, MM4 abh, 1 M rechts.
Die 3. und 4. Rd wdh, bis der Flaschenhals 10 cm beträgt.

Zunahmen Flaschenkörper

Zu Nd 4,0 mm wechseln. Ab jetzt wird im Perlmuster gestr. Nach der ersten Zunahme mit 1 M links beginnen und die Seitennaht immer rechts str.
1./3./5./7./9. Rd: 1 M rechts, MM1 abh, M1L, im Perlmuster str bis MM 2, M1R, MM2 abh, 2 M rechts, MM3 abh, M1L im etablierten Perlmuster str bis MM4, M1R, MM4 abh, 1 M rechts (= + 4 M).

2./4./6./8./10. Rd: Im etablierten Perlmuster str, dabei die Fake-Naht immer rechte M str (alle MM abh).
Es wurden 20 M zugenommen, und es sind jetzt 74 M auf der Nd.

Körper

Nun den Körper 18 cm im etablierten Perlmuster in Rd str und die Seitennaht fortführen.

Abnahmen Flaschenboden

Abnahmen an beiden Seiten für die Rundung arbeiten.

1./3./5./7./8. Rd: 1 M rechts, MM1 abh, 2 M rechts zusstr, im etablierten Perlmuster str bis 2 M vor MM2, 2 M links geneigt zusstr, MM2 abh, 2 M rechts, MM3 abh, 2 M rechts zusstr, im etablierten Perlmuster str bis 2 M vor MM4, 2 M links geneigt zusstr, MM4 abh, 1 M rechts (= – 4 M).

2./4./6./9. Rd: Im etablierten Perlmuster str, dabei die Fake-Naht immer rechte M str (alle MM abh).
Es wurden 20 M abgenommen, und es sind jetzt 54 M auf der Nd.
Alle MM entfernen.

Fertigstellung

Alle M mit dem Maschenstich verbinden und die Flaschenbodennaht schließen.
Die Fäden vernähen, vorsichtig waschen und trocknen lassen (Angaben des Garnherstellers beachten).

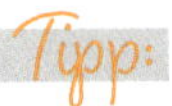

Mit einer Kontrastfarbe eine kleine Kordel arbeiten und dekorativ durch den Flaschenhals ziehen. Mit einer Schleife zubinden.

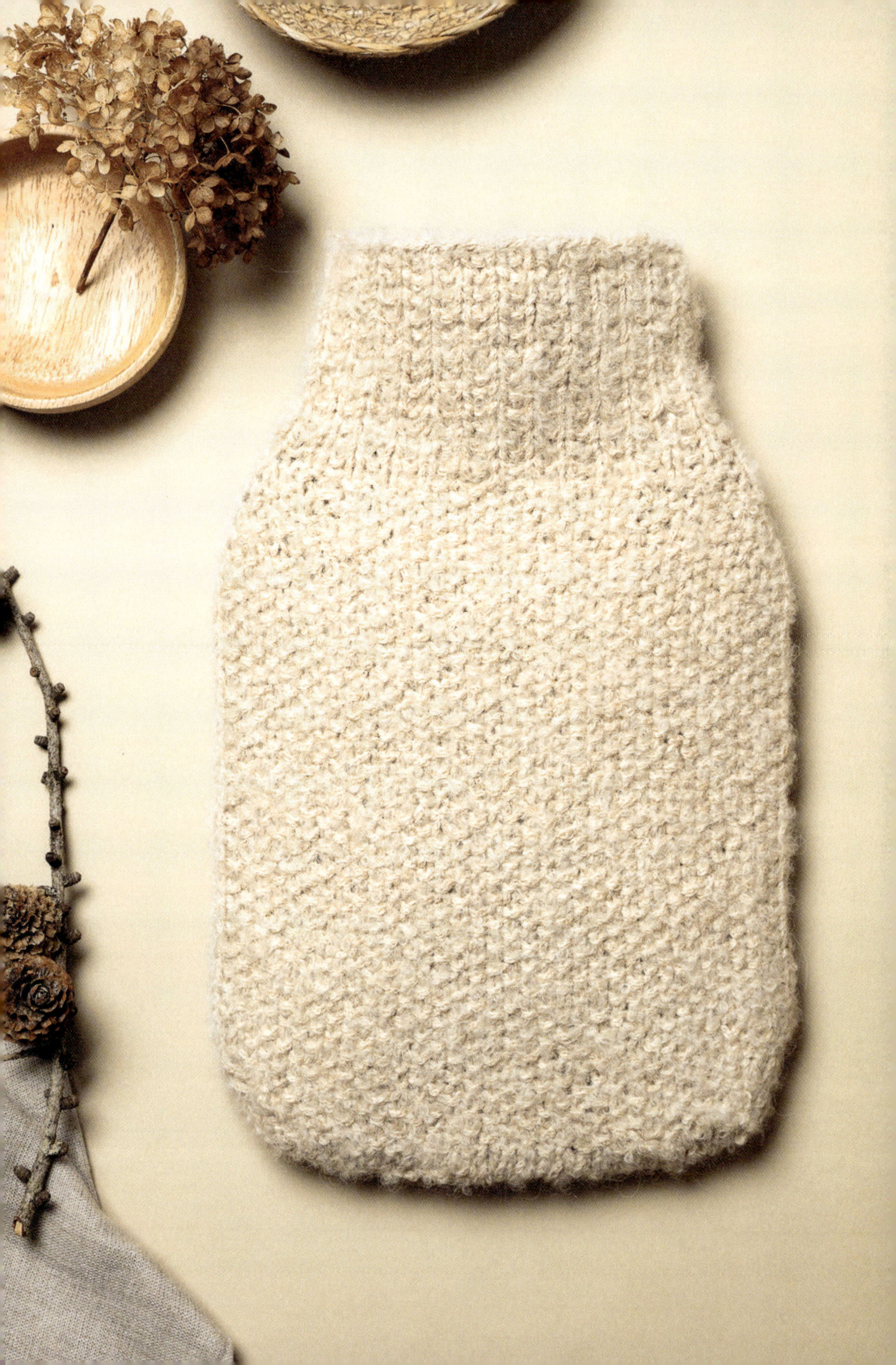

Pünktchen

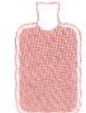

Größe

Standard-2-Liter-Flasche (siehe Zeichnung S. 13)
Fertige Maße: 31 x 22 cm

Material

Lang Yarns Jawoll (75 % Schurwolle, 25 % Polyamid, LL 210 m/50 g) in Fb Neongrün (316): 100 g
Rundstricknadel 3,5 und 3,0 mm, 80 cm lang
4 Maschenmarkierer
Garnreste in beliebiger Fb für die Punkte
Wollnadel

Maschenprobe

Mit Nd 3,5 mm glatt rechts mit doppeltem Fd:
22 M und 30 R = 10 x 10 cm

Grundmuster

Glatt rechts in Rd: Stets rechte M str.
Bündchenmuster in Rd: * 1 M rechts, 1 M links *, von * bis * stets wdh.
Seitennaht Perlmuster 4 M:
1. Rd: * (1 M rechts, 1 M links) 1 x wdh.
2. Rd: * (1 M links, 1 M rechts) 1 x wdh.
Darauf achten, dass die Seitennaht immer in derselben „Runde" gestr wird und es keinen Rd-Wechsel-Versatz gibt.

So geht's

Maschenanschlag

Mit doppeltem Fd und Nd 3,5 mm 68 M mit dem Wickelanschlag auf 2 Nd anschl (je Nd 34 M). Nun die M von jeder Nd einzeln nacheinander abstricken wie folgt:
Nächste (Rd): Die M der 1. Nd abstr und die 2. Nd vorziehen. Die folgenden M der 2. Nd rechts verschr str.

Zunahmen Flaschenboden

1. Rd: 1. Nd 2 M Perlmuster (in der 1. Rd nur rechte M str), MM1 setzen, M1L, rechte M str bis 2 M vor Nd-Ende, M1R, MM2 setzen, 2 M Perlmuster, 2. Nd 2 M Perlmuster, MM3 setzen, M1L, rechte M str bis 2 M vor Nd-Ende, M1R, MM4 setzen, 2 M Perlmuster (= + 4 M).
2./4./6./8./10. Rd: rechte M str und die Seitennähte im Perlmuster str (4 M Seitennaht) (alle MM abh).
3./5./7./9./11./12. Rd: 1. Nd 2 M Perlmuster (in der 1. Rd nur rechte M str), MM1 abh, M1L, rechte M str bis 2 M vor Nd-Ende, M1R, MM2 abh, 2 M Perlmuster, 2. Nd 2 M Perlmuster, MM3 abh, M1L, rechte M str bis 2 M vor Nd-Ende, M1R, MM4 abh, 2 M Perlmuster (= + 4 M).
Es wurden 28 M zugenommen, und es sind jetzt 96 M auf der Nd. Ab hier kann auch mit nur einer Nd weitergearbeitet werden.

Körper

18 cm glatt rechts in Rd str, die etablierte Seitennaht im Perlmuster fortführen.

Formgebung Flaschenhals

Abnahmen an beiden Seiten für die Rundung arbeiten.
1./3./5./7./9./11./13. Rd: 2 M Perlmuster, *2 M rechts zusstr, rechte M str bis 2 M vor MM2, 2 M links geneigt zusstr, MM2 abh, 4 M

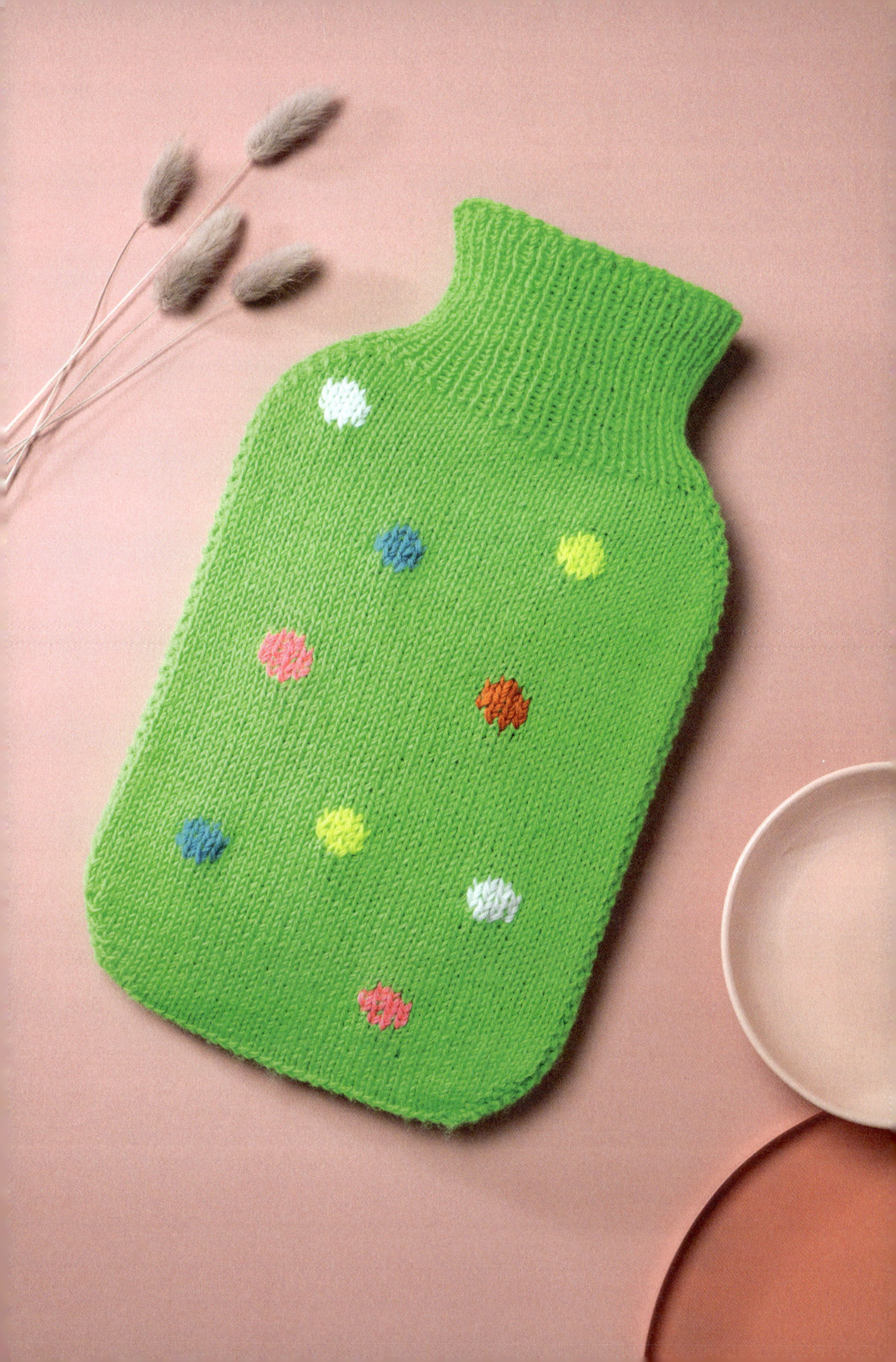

Perlmuster, MM3 abh*, von * bis * 1 x für MM4 und MM1 wdh (= – 4 M).

2./4./6./8./10./12. Rd: Rechte M str und die Seitennähte im Perlmuster str (4 M Seitennaht) (alle MM abh).

Es wurden 28 M abgenommen, und es sind jetzt 68 M auf der Nd.

MM2 bis MM4 entfernen. MM1 ist der Rd-MM.

Flaschenhals

Mit Nd 3,0 mm ca. 7–10 cm im Rippenmuster str, bzw. bis das Garn ausgeht, und sehr locker abketten.

Punkte aufsticken

In verschiedenen Farben Punkte auf die Wärmflasche mit dem Maschenstich aufnähen.

Für einen Punkt den MS von 4 M 1 x arbeiten und die 1.–5. R 1 x arbeiten. Die Punkte beliebig auf der Wärmflasche verteilen.

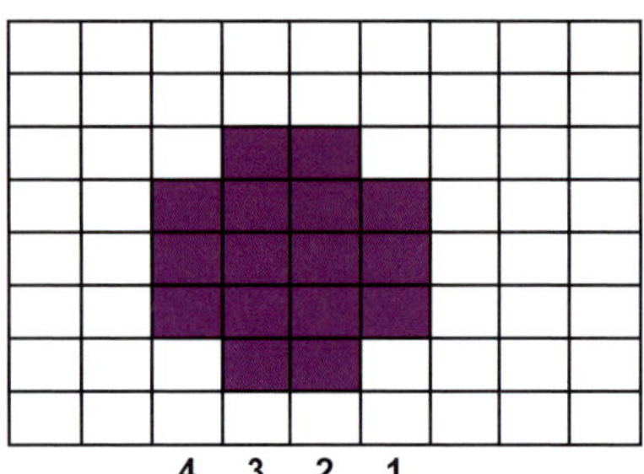

Legende

KF

HF

Fertigstellung

Die restlichen Fäden vernähen, vorsichtig waschen und trocknen lassen (Angaben des Garnherstellers beachten).

Frida

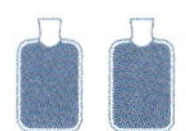

Größe

Standard-2-Liter-Flasche (siehe Zeichnung S. 13)
Fertige Maße: 31 x 22 cm

Material

Frida Fuchs Lametta Sock (75 % superwash Merino, 20 % Nylon, 5 % Stellina, LL 400 m/100 g) in Fb Schiefer (26a): 100 g
Frida Fuchs Fiffi Lace (72 % Kid Mohair, 28 % Seide, LL 420 m/50 g) in Fb Schiefer (26a): 50 g
Rundstricknadeln 3,5 und 3,0 mm, 80 cm lang
4 Maschenmarkierer
Wollnadel

Maschenprobe

Mit Nd 3,5 mm glatt rechts mit doppeltem Fd aus beiden Garnen:
20 M und 32 R = 10 x 10 cm

Grundmuster

Glatt rechts in Rd: Stets rechte M str.
Rippenmuster: * 2 M rechts, 2 M links str *, von * bis * stets wdh.
Seitennaht 2 M: Die Seitennaht über 2 M wird immer kraus rechts gestrickt.

So geht's

Es wird mit einem Rüschenrand begonnen, der in ein Rippenbündchen übergeht. Entlang des Flaschenhalses werden zwei zusätzliche Rüschen angestrickt.

Maschenanschlag

Mit beiden Fd und Nd 3,5 mm 128 M anschl und vorsichtig zur Rd schließen. MM 1 für den Rd-Anfang setzen.

Rüschen-Rand

Zunächst wird ein Rüschenrand gestrickt, der dann in ein Rippenbündchen übergeht.
1./2./3. Rd: Rechte M str.
4. Rd: *6 M rechts, 2 M rechts zusstr*, von * bis * stets wdh.
5. Rd: *5 M rechts, 2 M rechts zusstr*, von * bis * stets wdh.
6. Rd: *4 M rechts, 2 M rechts zusstr*, von * bis * stets wdh.
7. Rd: *3 M rechts, 2 M rechts zusstr*, von * bis * stets wdh.
Es sind jetzt 64 M auf der Nd.
Zu Nd 3,0 mm wechseln und 7 Rd im Rippenmuster str. Alle M auf der Nd stilllegen. Fd abschneiden.

1./2. Extrarüsche

Die zwei zusätzlichen Rüschen werden mit einer extra Nd separat gestr und in regelmäßigem Abstand mit dem Rippenbündchen zusammengestrickt.
Immer nur die Rüsche stricken, die als Nächstes angestrickt wird.
Mit beiden Fd und Nd 3,5 mm 128 M anschl und vorsichtig zur Rd schließen. Rd-MM setzen.
1./2./3. Rd: Rechte M str.
4. Rd: *6 M rechts, 2 M rechts zusstr*, von * bis * stets wdh.

5. Rd: *5 M rechts, 2 M rechts zusstr*, von * bis * stets wdh.

6. Rd: *4 M rechts, 2 M rechts zusstr*, von * bis * stets wdh.

7. Rd: *3 M rechts, 2 M rechts zusstr*, von * bis * stets wdh.

Es sind jetzt 64 M auf der Nd.

Die Rüsche von außen und mit der linken Seite auf das Rippenbündchen legen und mit Nd 3,0 mm immer 1 M des Rippenbündchens mit 1 M der Rüsche im Rippenmuster zusstr.

7 Rd im Rippenmuster str. Alle M auf der Nd stilllegen. Fd abschneiden.

Diesen Abschnitt für jede Rüsche wdh.

Zunahmen Flaschenkörper

Zu Nd 3,5 mm wechseln.

1. Rd: M1L, 30 M rechts str, M1R, MM2 setzen, 2 M links, MM3 setzen, M1L, 30 M rechts str, M1R, MM4 setzen, 2 M links (= + 4 M).

2./4./6./8./10. Rd: Alle M rechts str, dabei die Fake-Naht immer rechte M str (alle MM abh).

3./5./7./9. Rd: MM1 abh, M1L, rechte M str bis MM2, M1R, MM2 abh, 2 M links, MM3 abh, M1L, rechte M str bis MM4, M1R, MM4 abh, 2 M links (= + 4 M).

Es wurden 20 M zugenommen, und es sind jetzt 84 M auf der Nd.

Körper

Nun den Körper 18 cm glatt rechts in Rd str und die Fake-Naht in kraus rechts fortführen.

Abnahmen Flaschenboden

Abnahmen an beiden Seiten für die Rundung arbeiten.

1./3./5./7./8. Rd: 2 M rechts zusstr, rechte M str bis 2 M vor MM2, 2 M links geneigt zusstr, MM2 abh, 2 M links, MM3 abh, 2 M rechts zusstr, rechte M str bis 2 M vor MM4, 2 M links geneigt zusstr, MM4 abh, 2 M links (= – 4 M).

2./4./6. Rd: Rechte M str, dabei die Fake-Naht immer rechte M str (alle MM abh).

9. Rd: Rechte M str bis 1 M vor MM1 (alle MM abh).

Es wurden 20 M abgenommen, und es sind jetzt 64 M auf der Nd.

Fertigstellung

Die restlichen Fäden vernähen, vorsichtig waschen und trocknen lassen (Angaben des Garnherstellers beachten).

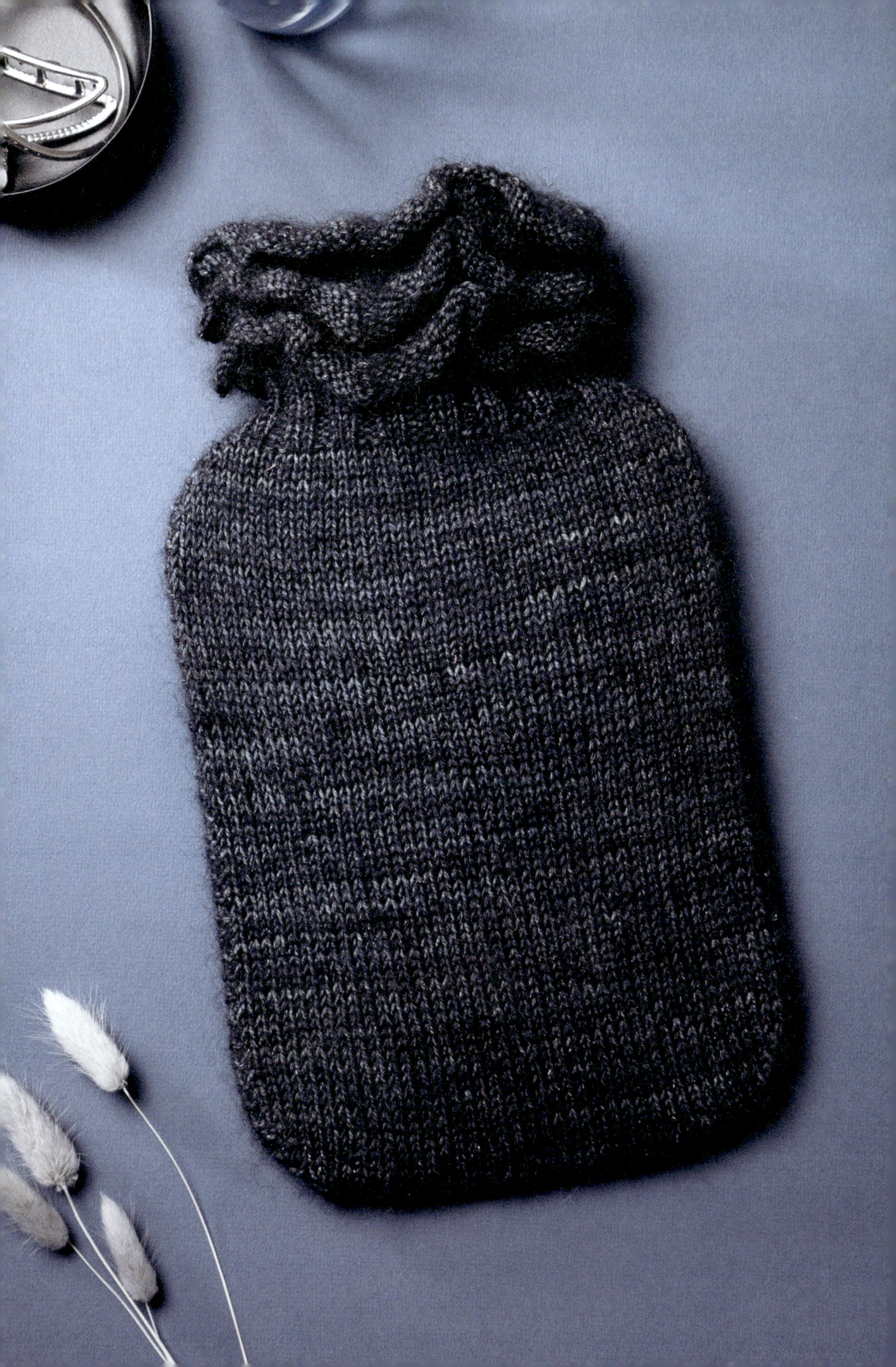

Akkordeon

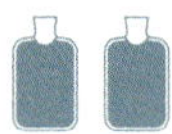

Größe

Standard-2-Liter-Flasche (siehe Zeichnung S. 13)
Fertige Maße: 31 x 22 cm

Material

Lana Grossa Bingo (100 % Schurwolle, LL 80 m/50 g) in Fb Petrol (727)
Varianten in Fb Grün (766) und Fb Camel (724): je 100 g
Rundstricknadel 4,5 und 4,0 mm, 80 cm lang
4 Maschenmarkierer
Wollnadel

Maschenprobe

Mit Nd 4,5 mm glatt rechts: 18 M und 28 R = 10 x 10 cm

Grundmuster

Rippenmuster: * 1 M links, 1 M rechts *, von * bis * stets wdh.

Kraus rechts in Rd:

1. Rd: Stets rechte M str.

2. Rd: Stets linke M str.

Seitennaht: glatt rechts str.

Akkordeon-Muster in R:

1./3./5./7./9./11. R (Hin-R): *2 M rechts, 1 M links, 3 M rechts*, von * bis * stets wdh.

2./4./6./8./10./12. R (Rück-R): *1 M links, 5 M rechts*, von * bis * stets wdh.

13. R (Hin-R): *2 M rechts, 1 M links, 2 M rechts, 3 M aus 1 M herausstr*, von * bis * stets wdh.

14. R (Rück-R): *3 M links, 5 M rechts*, von * bis * stets wdh.

15. R (Hin-R): *2 M rechts, 1 M links, 5 M rechts*, von * bis * stets wdh.

16. R (Rück-R): *3 M links, 5 M rechts*, von * bis * stets wdh.

17. R (Hin-R): *2 M rechts, 1 M links, 2 M rechts, 3 M mit aufliegender Mittel-M zusstr*, von * bis * stets wdh.

18. R (Rück-R): *1 M links, 5 M rechts*, von * bis * stets wdh.

Akkordeon-Muster in Rd:

1./3./5./7./9./11. Rd: *2 M rechts, 1 M links, 3 M rechts*, von * bis * stets wdh.

2./4./6./8./10./12. Rd: *5 M links, 1 M rechts*, von * bis * stets wdh.

13. Rd: *2 M rechts, 1 M links, 2 M rechts, 3 M aus 1 M herausstr*, von * bis * stets wdh.

14. Rd: *5 M links, 3 M rechts*, von * bis * stets wdh.

15. Rd: *2 M rechts, 1 M links, 5 M rechts*, von * bis * stets wdh.

16. Rd: *5 M links, 3 M rechts*, von * bis * stets wdh.

17. Rd: *2 M rechts, 1 M links, 2 M rechts, 3 M mit aufliegender Mittel-M zusstr*, von * bis * stets wdh.

18. Rd: *5 M links, 1 M rechts*, von * bis * stets wdh.

Akkordeon-Muster: Nach der Strickschrift str. Es sind alle R/Rd gezeichnet. Den MS von 6 M stets wdh und die 1.–18. Rd stets wdh.

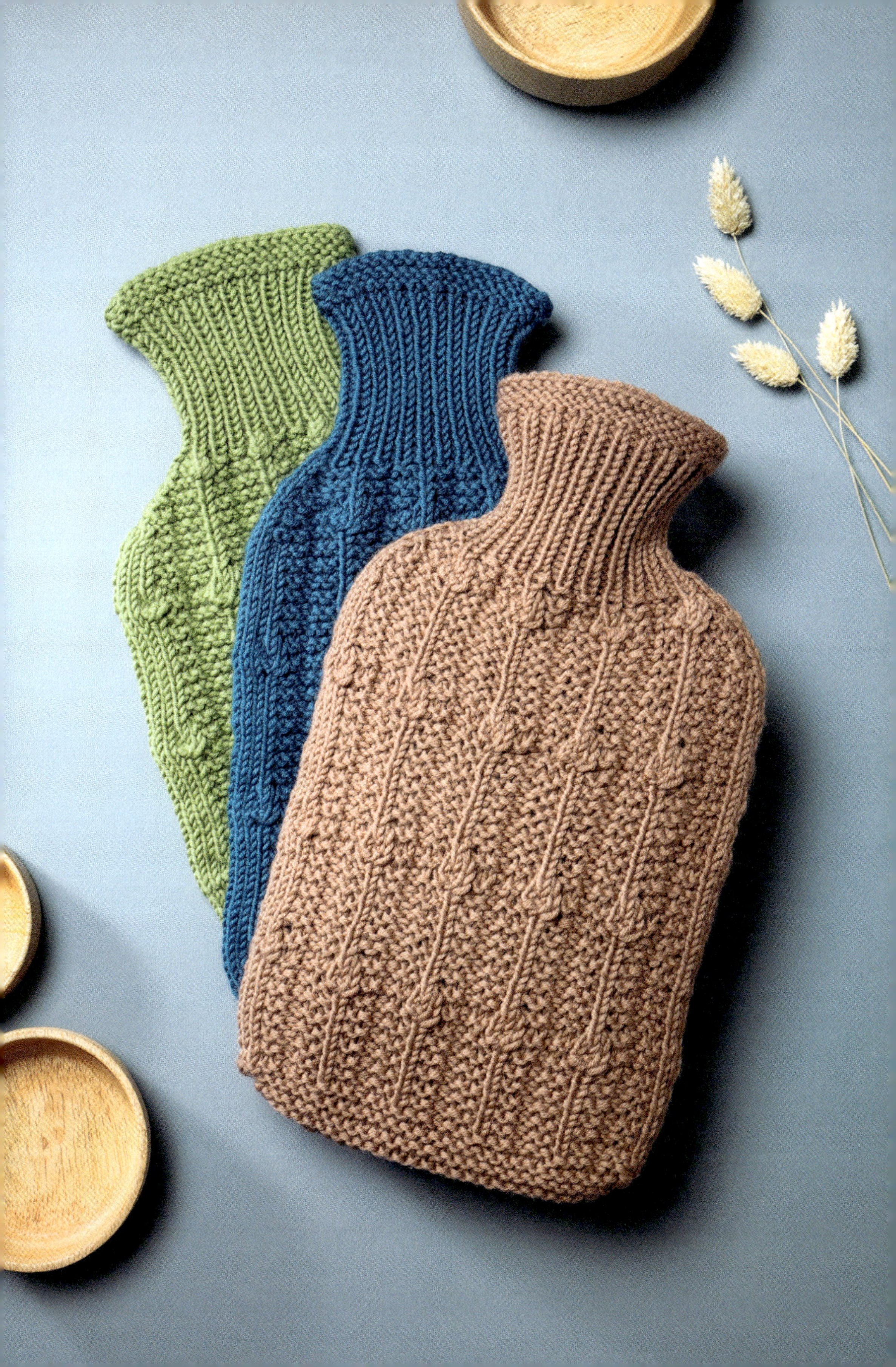

So geht's

Maschenanschlag

Mit Nd 4,5 mm 48 M mit dem Wickelanschlag auf 2 Nd anschl (je Nd 24 M).

Nun die M von jeder Nd einzeln nacheinander abstricken wie folgt:

Nächste (Rd): Die M der 1. Nd rechts abstr und die 2. Nd vorziehen. Die folgenden M der 2. Nd rechts verschr str.

Zunahmen Flaschenboden

Der Flaschenboden wird kraus rechts gestr, bis die Zunahmen beendet sind.

1. Rd: 1. Nd 1 M rechts, MM1 setzen, M1L, rechte M str bis 1 M vor Nd-Ende, M1R, MM2 setzen, 1 M rechts, 2. Nd 1 M rechts, MM3 setzen, M1L, rechte M str bis 1 M vor Nd-Ende, M1R, MM4 setzen, 1 M links (= + 4 M).

2./4./6. Rd: Linke M str bis MM4 (dabei alle MM abh), MM4 abh, 1 M rechts str.

3./5./7. Rd: 1. Nd 1 M rechts, MM1 abh, M1L, rechte M str bis 1 M vor Nd-Ende, M1R, MM2 abh, 1 M rechts, 2. Nd 1 M rechts, MM3 abh, M1L, rechte M str bis 1 M vor Nd-Ende, M1R, MM4 abh, 1 M links (= + 4 M).

8. Rd: 1. Nd 1 M links, MM1 abh, M1L links, linke M str bis 1 M vor Nd-Ende, M1R links, MM2 abh, 1 M links, 2. Nd 1 M links, MM3 abh, M1L links, linke M str bis 1 M vor Nd-Ende, M1R links, MM4 abh, 1 M rechts (= + 4 M).

Es wurden 20 M zugenommen, und es sind 68 M auf der Nd. Ab hier kann auch mit nur einer Nd weitergearbeitet werden.

Körper

Das Akkordeon-Muster gemäß Strickschrift arbeiten, dabei werden in der 9. Rd die MM um 1 M versetzt:

9. Rd: 1 M rechts, MM1 entfernen, 1 M rechts, MM1 setzen, 5 x das Zählmuster über 6 M arbeiten, MM2 neu setzen, 1 M rechts, MM2 alt entfernen, 2 M rechts, MM3 entfernen, 1 M rechts, MM3 setzen, 5 x das Zählmuster über 6 M arbeiten, MM4 neu setzen, 1 M rechts, MM4 alt entfernen, 1 M rechts.

Es sind jetzt 4 rechte M Fake-Naht zwischen MM2/MM3 und 4 M zwischen MM4/MM1.

Die 1.–18. Rd über eine Länge von 18 cm gemäß Strickschrift stets wdh.

Formgebung Flaschenhals

Abnahmen an beiden Seiten für die Rundung arbeiten. Dabei wird das Akkordeon-Muster fortgeführt. In der 1. Rd werden die MM wieder zurückversetzt.

Falls die Abnahme in eine Rd ab Muster-Rd 13 fällt, darauf achten, dass die zugenommenen M alle wieder abgenommen werden.

1. Rd: 1 M rechts, MM1 neu setzen, 2 M rechts zusstr (MM1 alt entfernen), im etablierten Akkordeon-Muster str bis 1 M vor MM2 (MM2 entfernen), 2 M links geneigt zusstr, MM2 setzen, 2 M rechts, MM3 neu setzen, 2 M rechts zusstr (MM3 alt entfernen), im etablierten Akkordeon-Muster str bis 1 M vor MM4 (MM4 entfernen), 2 M links geneigt zusstr, MM4 setzen, 1 M rechts (= – 4 M).

3./5./7./9. Rd: 1 M rechts, MM1 abh, 2 M rechts zusstr, im etablierten Akkordeon-Muster str bis 2 M vor MM2, 2 M links geneigt zusstr, MM2 abh, 2 M rechts, MM3 abh, 2 M rechts zusstr, im etablierten Akkordeon-Muster str bis 2 M vor MM4, 2 M links geneigt zusstr, MM4 abh, 1 M rechts (= – 4 M).

2./4./6./8./10. Rd: Im etablierten Akkordeon-Muster str und die Seitennähte glatt rechts str (2 M zwischen dem MMs) (alle MM abh).

Es wurden 20 M abgenommen, und es sind jetzt 48 M auf der Nd. MM2 bis MM4 entfernen.

Flaschenhals

Zu Nd 4,0 mm wechseln.

In der nächsten Rd werden die zwei rechten Seitennaht-Maschen in das Rippenmuster integriert. Dabei soll die sichtbare rechte M auch weiterhin rechts gestr werden.

Die 2 rechten M müssen passend zum Rippenmuster zusgestr werden:

Nächste Rd: Alle M im Rippenmuster str und jeweils 2 M vor MM2 und MM4 links zusstr.

Dann ca. 8 cm im Rippenmuster in Rd str und mit 3–5 Rd kraus rechts enden (dabei mit einer Rd linke M beginnen) und locker abketten.

Fertigstellung

Die restlichen Fäden vernähen, vorsichtig waschen und trocknen lassen (Angaben des Garnherstellers beachten).

	6		5	4	3	2	1	
			-	-	-	-	-	
	∩				-			17
			-	-	-	-	-	
					-			15
			-	-	-	-	-	
	3V				-			13
			-	-	-	-	-	
					-			11
			-	-	-	-	-	
					-			9
			-	-	-	-	-	
					-			7
			-	-	-	-	-	
					-			5
			-	-	-	-	-	
					-			3
			-	-	-	-	-	
					-			1

Legende

☐	**in HR/Rd rechte M / RR linke M**
-	**in HR/Rd linke M / RR rechte M**
▒	**keine Bedeutung, dient der besseren Übersicht**
3V	**3 M aus 1 M str (kfbf)**
∩	**3 M mit aufliegender Mittel-M zusstr:** 2 M gleichzeitig wie zum Rechtsstricken abheben, 1 M rechts, die abgeh M überziehen.

Wollzauber

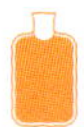

Größe

Standard-2-Liter-Flasche (siehe Zeichnung S. 13)
Fertige Maße: 31 x 22 cm

Material

Sandnes Garn Fritids Garn (100 % Wolle, LL 70 m/50 g) in Fb Grün (9336): 100 g
Rundstricknadel 5,5 mm, 80 cm lang
4 Maschenmarkierer
Wollnadel

Maschenprobe

Mit Nd 5,5 mm glatt rechts:
15 M und 25 R = 10 x 10 cm (gewaschen und gefilzt)
12 M und 20 R ungewaschen

Grundmuster

Glatt rechts in Rd: Stets rechte M str.
Rippenmuster: *2 M rechts, 2 M links str*, von * bis * stets wdh.

So geht's

Maschenanschlag

Mit Nd 5,5 mm 48 M mit dem Wickelanschlag auf 2 Nd anschl (je Nd 24 M).
Nun die M von jeder Nd einzeln nacheinander abstricken wie folgt:
Nächste (Rd): Die M der 1. Nd rechts abstr und die 2. Nd vorziehen. Die folgenden M der 2. Nd rechts verschr str.

Zunahmen Flaschenboden

1. Rd: 1. Nd 1 M rechts, MM1 setzen, M1L, rechte M str bis 1 M vor Nd-Ende, M1R, MM2 setzen,1 M rechts, 2. Nd 1 M rechts, MM3 setzen, M1L, rechte M str bis 1 M vor Nd-Ende, M1r, MM4 setzen, 1 M rechts (= + 4 M).
2./4./6. Rd: Rechte M str (alle MM abh).
3./5./7./8. Rd: 1. Nd 1 M rechts, MM1 abh, M1L, rechte M str bis 1 M vor Nd-Ende, M1R, MM2 abh,1 M rechts, 2. Nd 1 M rechts, MM3 abh, M1L, rechte M str bis 1 M vor Nd-Ende, M1R, MM4 abh, 1 M rechts (= + 4 M).
Es wurden 20 M zugenommen, und es sind jetzt 68 M auf der Nd. Ab hier kann auch mit nur einer Nd weitergearbeitet werden.

Körper

26 cm glatt rechts in Rd str. MM1 ist der Rd-MM. Alle MM abh.

Formgebung Flaschenhals

Abnahmen an beiden Seiten für die Rundung arbeiten.
1./3./5./7./9. Rd: * 2 M rechts zusstr, rechte M str bis 2 M vor MM2, 2 M links geneigt zusstr, MM2 abh, 2 M rechts str, MM3 abh *, von * bis * 1 x für MM4 und MM1 wdh (= – 4 M).
2./4./6./8./10. Rd: Rechte M str (alle MM abh).
Es wurden 20 M abgenommen, und es sind jetzt 48 M auf der Nd. MM2 bis MM4 entfernen.

Flaschenhals

Mit Nd 5,5 mm 11 cm im Rippenmuster str.
Alle M locker abk.

Fertigstellung

Fadenenden vernähen. Die Wärmflasche bei 30 Grad im normalen Waschprogramm waschen und filzen (Angaben des Garnherstellers beachten).

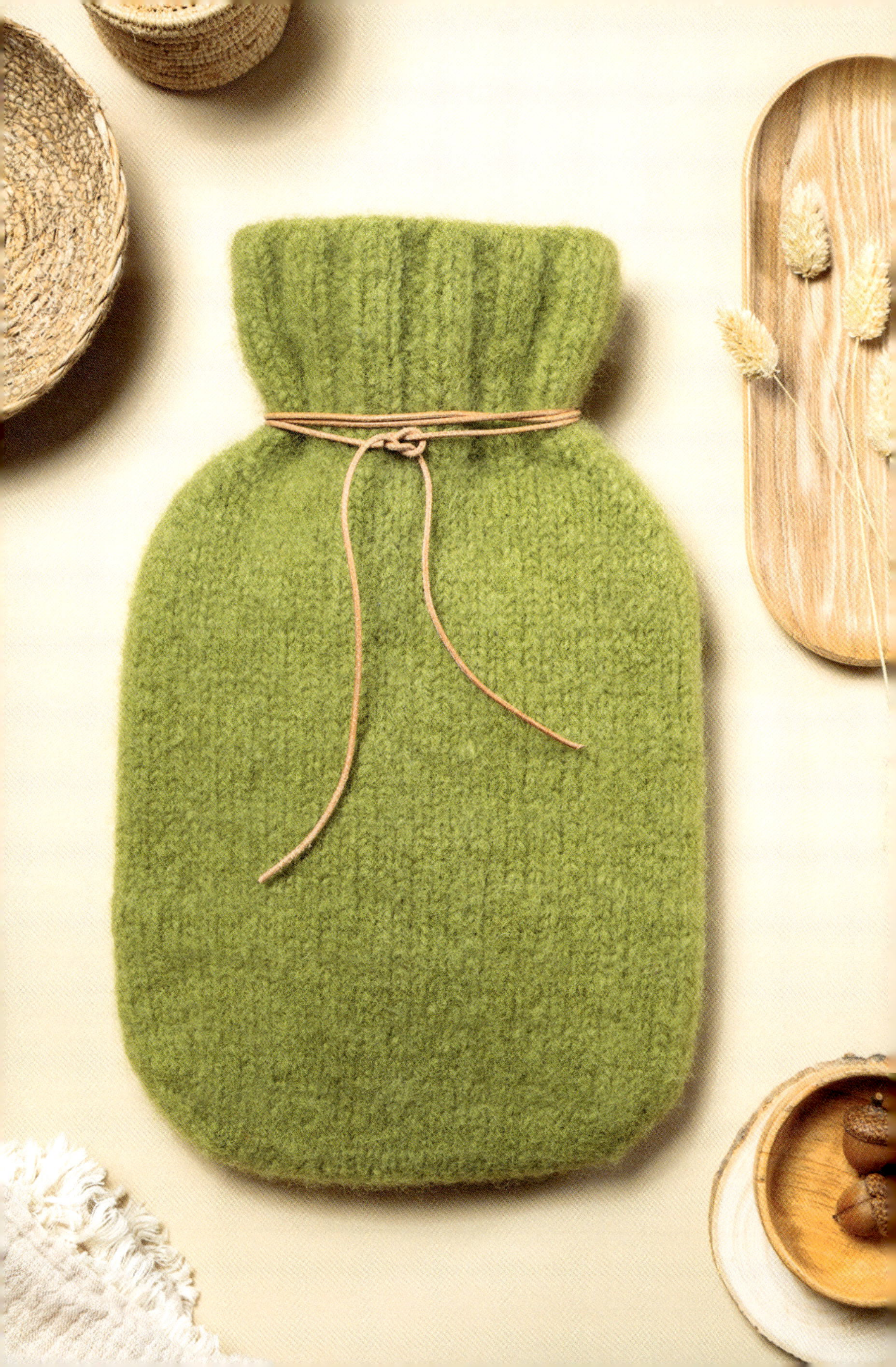

Stripes

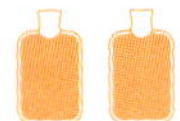

Größe

Standard-2-Liter-Flasche (siehe Zeichnung S. 13)
Fertige Maße: 31 x 22 cm

Material

Lana Grossa Country Tweed (100 % Schurwolle, LL 90 m/50 g) in Fb A Schwarz meliert (06): 50 g, in Fb B Natur meliert (01): 50 g und in Fb C Rot meliert (11): 50 g
Rundstricknadel 4,5 mm und 4,0 mm (Bündchen), 80 cm lang
4 Maschenmarkierer
Wollnadel

Maschenprobe

Mit Nd 4,5 mm glatt rechts:
17 M und 24 R = 10 x 10 cm

Grundmuster

Glatt rechts in Rd: Stets rechte M str.
Glatt rechts in R: In Hin-R rechte M, in Rück-R linke M str.
Rippenmuster: *2 M rechts, 2 M links str*, von * bis * stets wdh.

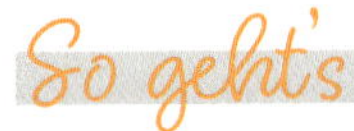

So geht's

Maschenanschlag

Mit Nd 4,5 mm und Fb A (Schwarz) 17 M provisorisch anschl. Mit einer Rück-R beginnen und 6 R glatt rechts str.
Fd für die Farbwechsel nicht abschneiden, sondern an der Seite mitführen.

Farbwechsel

Zu Fb B (Natur) wechseln und 6 R glatt rechts str.
Zu Fb A (Schwarz) wechseln und wieder 6 R glatt rechts str.
Diesen Farbwechsel noch weitere 6 x wdh.
Es sind jetzt 7 Streifen in Fb B und 8 Streifen in Fb A.
Zu Fb B (Natur) wechseln und 6 R glatt rechts str.
Es sind in Summe 16 Streifen.

Körper verbinden

Den provisorischen M-Anschlag auflösen und die M auf eine extra Nd legen. Beide Seiten mit dem Maschenstich verbinden.
Alternativ kann auch abgekettet und zusammengenäht werden.

Flaschenboden

Aus dem einen Rand gleichmäßig verteilt 70 M in Fb C (Rot) herausstr. An der Anschlags-Kante beginnen (Rd-Beginn) und zur Rd schließen, Rd-MM setzen.
5 Rd in Fb C (Rot) in Rd rechte M str.
Zu Fb A (Schwarz) wechseln und 4 Rd rechte M str.

Abnahmen Flaschenboden (Fb A)

1. Rd: Rd-MM entfernen, 1 M rechts, MM1 setzen, 2 M rechts zusstr, 29 M rechts, 2 M links geneigt zusstr, MM2 setzen, 2 M rechts, MM3 setzen, 2 M rechts zusstr, 29 M rechts, 2 M links geneigt zusstr, MM4 setzen, 1 M rechts (= – 4 M).

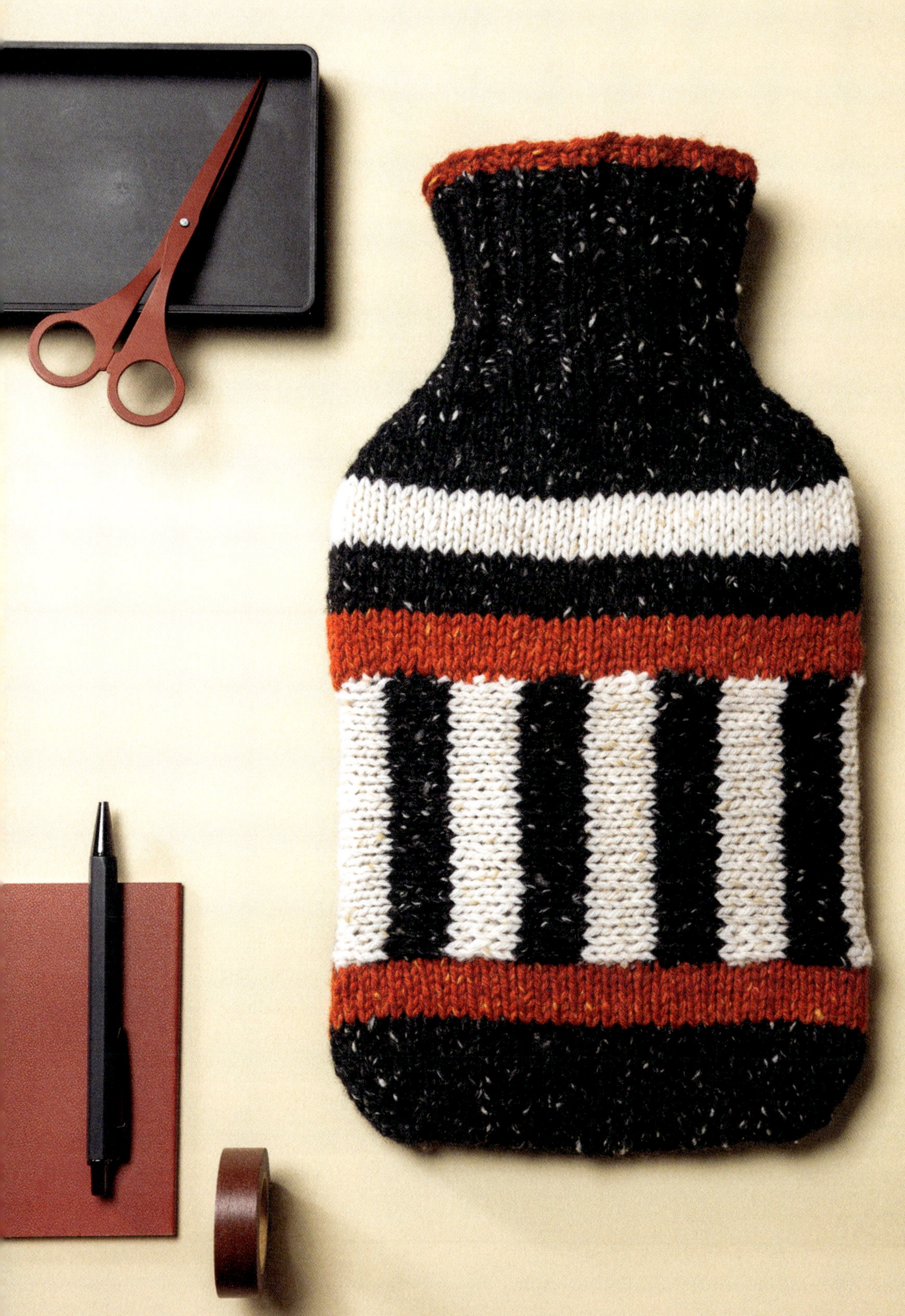

2./4. Rd: Rechte M str (alle MM abh).

3./5./6./7. Rd: 1 M rechts, MM1 abh, 2 M rechts zusstr, rechte M str bis 2 M vor MM2, 2 M links geneigt zusstr, MM2 abh, 2 M rechts, MM3 abh, 2 M rechts zusstr, rechte M str bis 2 M vor MM4, 2 M links geneigt zusstr, MM4 abh, 1 M rechts (= – 4 M).

Es wurden 20 M abgenommen, und es sind jetzt 50 M auf der Nd. Alle MM entfernen.

Alle M mit dem Maschenstich verbinden und die Flaschenbodennaht schließen.

Körper bis Flaschenhals

Aus dem anderen Rand gleichmäßig verteilt 70 M in Fb C (Rot) herausstr. An der Anschlags-Kante beginnen (Rd-Beginn) und zur Rd schließen, Rd-MM setzen.

5 Rd in Fb C (Rot) in Rd rechte M str.

Zu Fb A (Schwarz) wechseln und 6 Rd rechte M str. Fb A nicht abschneiden und am Rand mitführen.

Zu Fb B (Weiß) wechseln und 6 Rd rechte M str. Fd B abschneiden.

Zu Fb A (Schwarz) wechseln und 2 Rd rechte M str.

Formgebung Flaschenhals (Fb A)

Abnahmen an beiden Seiten für die Rundung arbeiten.

1. Rd: RdMM entfernen, 1 M rechts, MM1 setzen, 2 M rechts zusstr, 29 M rechts, 2 M links geneigt zusstr, MM2 setzen, 2 M rechts, MM3 setzen, 2 M rechts zusstr, 29 M rechts, 2 M links geneigt zusstr, MM4 setzen, 1 M rechts (= - 4 M).

2./4./6./8./10. Rd: Rechte M str (alle MM abh).

3./5./7./9. Rd: 1 M rechts, MM1 abh, 2 M rechts zusstr, rechte M str bis 2 M vor MM2, 2 M links geneigt zusstr, MM2 abh, 2 M rechts, MM3 abh, 2 M rechts zusstr, rechte M str bis 2 M vor MM4, 2 M links geneigt zusstr, MM4 abh, 1 M rechts (= – 4 M).

Es wurden 20 M abgenommen, und es sind jetzt 50 M auf der Nd. MM1 ist nun der Rd-MM, MM2 bis MM4 entfernen.

Flaschenhals

Zu Nd 4,0 mm wechseln. In der nächsten Rd an beiden Seiten jeweils 1 M abn (M-Zahl durch 4 teilbar für das Bündchen) und 8 cm im Rippenmuster str.

Zu Fb C (Rot) wechseln.

1. Rd rechte M str.

2. Rd im Rippenmuster str.

Alle M locker im Muster abk.

Fertigstellung

Die restlichen Fäden vernähen, vorsichtig waschen und trocknen lassen (Angaben des Garnherstellers beachten).

Walfred

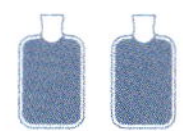

Größe

Kinder-0,6-Liter-Flasche (siehe Zeichnung)
Fertige Maße: 23 x 16 cm
Kinderwärmflasche „babylove"

Material

Lana Grossa Bingo (100 % Schurwolle, LL 80 m/50 g) in Fb Petrol (727): 100 g
Rundstricknadel 3,5 mm, 80 cm lang
4 Maschenmarkierer
Garnreste in Weiß und Schwarz für das Gesicht
Wollnadel

Maschenprobe

Mit Nd 3,5 mm glatt rechts: 18 M und 28 R = 10 x 10 cm

Grundmuster

Glatt rechts in Rd: Stets rechte M str.
Rippenmuster in Rd: *2 M rechts, 2 M links*, von * bis * stets wdh.

So geht's

Maschenanschlag

Mit Nd 3,5 mm 36 M mit dem Wickelanschlag auf 2 Nd anschl (je Nd 18 M).
Nun die M von jeder Nd einzeln nacheinander abstricken wie folgt:
Nächste (Rd): Die M der 1. Nd rechts abstr und die 2. Nd vorziehen. Die folgenden M der 2. Nd rechts verschr str.

Zunahmen Flaschenboden

1. Rd: 1. Nd 1 M rechts str, MM1 setzen, M1L, rechte M str bis 1 M vor Nd-Ende, M1R, MM2 setzen, 1 M rechts, 2. Nd 1 M rechts, MM3 setzen, M1L, rechte M str bis 1 M vor Nd-Ende, M1R, MM4 setzen, 1 M rechts (= + 4 M).
2./4./6. Rd: Alle M rechts str (alle MM abh).
3./5./7./8. Rd: 1. Nd 1 M rechts str, MM1 abh, M1L, rechte M str bis 1 M vor Nd-Ende, M1R, MM2 abh, 1 M rechts, 2. Nd 1 M rechts, MM3 abh, M1L, rechte M str bis 1 M vor Nd-Ende, M1R, MM4 abh, 1 M rechts (= + 4 M).
Es wurden 20 M zugenommen, und es sind jetzt 56 M auf der Nd. Ab hier kann auch mit nur einer Nd weitergearbeitet werden. MM1 ist nun der Rd-MM.

Körper

13 cm glatt rechts in Rd str.

Formgebung Flaschenhals

Abnahmen an beiden Seiten für die Rundung arbeiten.
1./3./4./5./6. Rd: *2 M rechts zusstr, rechte M str bis 2 M vor MM2, 2 M links geneigt zusstr, MM2 abh, 2 M rechts, MM3 abh*, von * bis * 1 x für MM4 und MM1 wdh (= – 4 M).
2. Rd: Alle M rechts str (alle MM abh).
Es wurden 20 M abgenommen, und es sind jetzt 36 M auf der Nd.

Flaschenhals – Schwanzflosse

Mit Nd 3,5 mm 3 Rd glatt rechts str (alle MM abh).

4 Rd Rippenmuster str.

3 Rd glatt rechts str.

1./3./5./7./9./11./13. Rd: MM1 abh, M1L, rechte M str bis MM2, M1R, MM2 abh, 2 M rechts, MM3 abh, M1L, rechte M str bis MM4, M1R, MM4 abh, 2 M rechts (= + 4 M).

2./4./6./8./10./12./14. Rd: Alle M rechts str (alle MM abh).

15./16./17./18. Rd: MM1 abh, M1L, rechte M str bis MM2, M1R, MM2 abh, 2 M rechts, MM3 abh, M1L, rechte M str bis MM4, M1R, MM4 abh, 2 M rechts (= + 4 M).

Es wurden 44 M zugenommen, und es sind jetzt 80 M auf der Nd.

19. Hin-R: 18 M rechts str, wenden.

20. Rück-R: WM, linke M bis MM4, MM4 abh, 18 M links str, wenden.

21. Hin-R: WM, rechte M bis MM1, MM1 abh, 14 M rechts str, wenden.

22. Rück-R: WM, linke M bis MM4, MM4 abh, 14 M links str, wenden.

23. Hin-R: WM, rechte M bis MM1, MM1 abh, 8 M rechts str, wenden.

24. Rück-R: WM, linke M bis MM4, MM4 abh, 8 M links str, wenden.

25. Hin-R: WM, rechte M bis MM1, MM1 abh, 3 M rechts str, wenden.

26. Rück-R: WM, linke M bis MM4, MM4 abh, 3 M links str, wenden.

27. Hin-R: WM, rechte M bis MM3 (alle WM rechts str), MM3 abh, 18 M rechts str, wenden.

28. Rück-R: WM, linke M bis MM2, MM2 abh, 18 M links str, wenden.

29. Hin-R: WM, rechte M bis MM3, MM3 abh, 14 M rechts str, wenden.

30. Rück-R: WM, linke M bis MM2, MM2 abh, 14 M links str, wenden.

31. Hin-R: WM, rechte M bis MM3, MM3 abh, 8 M rechts str, wenden.

32. Rück-R: WM, linke M bis MM2, MM2 abh, 8 M links str, wenden.

33. Hin-R: WM, rechte M bis MM3, MM3 abh, 3 M rechts str, wenden.

34. Rück-R: WM, linke M bis MM2, MM2 abh, 3 M links str, wenden.

35. Hin-R: WM, rechte M bis MM1 (alle WM rechts str).

4 Rd Rippenmuster str. Alle MM entfernen.

Alle M locker abk.

Gesicht aufsticken

Dekoriere den Wal beliebig mit aufgehäkelten Luftmaschenketten.

Zunächst die weißen Streifen von einer Seite über den Rand hinaus auf die andere Seite aufhäkeln (siehe Grundlagenteil). Alle Fd vernähen. Auf die Enden der weißen Streifen eine schwarze Luftmaschenkette aufhäkeln.

Für die Augen eine weiße Luftmaschenkette außen und eine schwarze für innen arbeiten.

Hier sind der Fantasie keine Grenzen gesetzt.

Fertigstellung

Die restlichen Fäden vernähen, vorsichtig waschen und trocknen lassen (Angaben des Garnherstellers beachten).

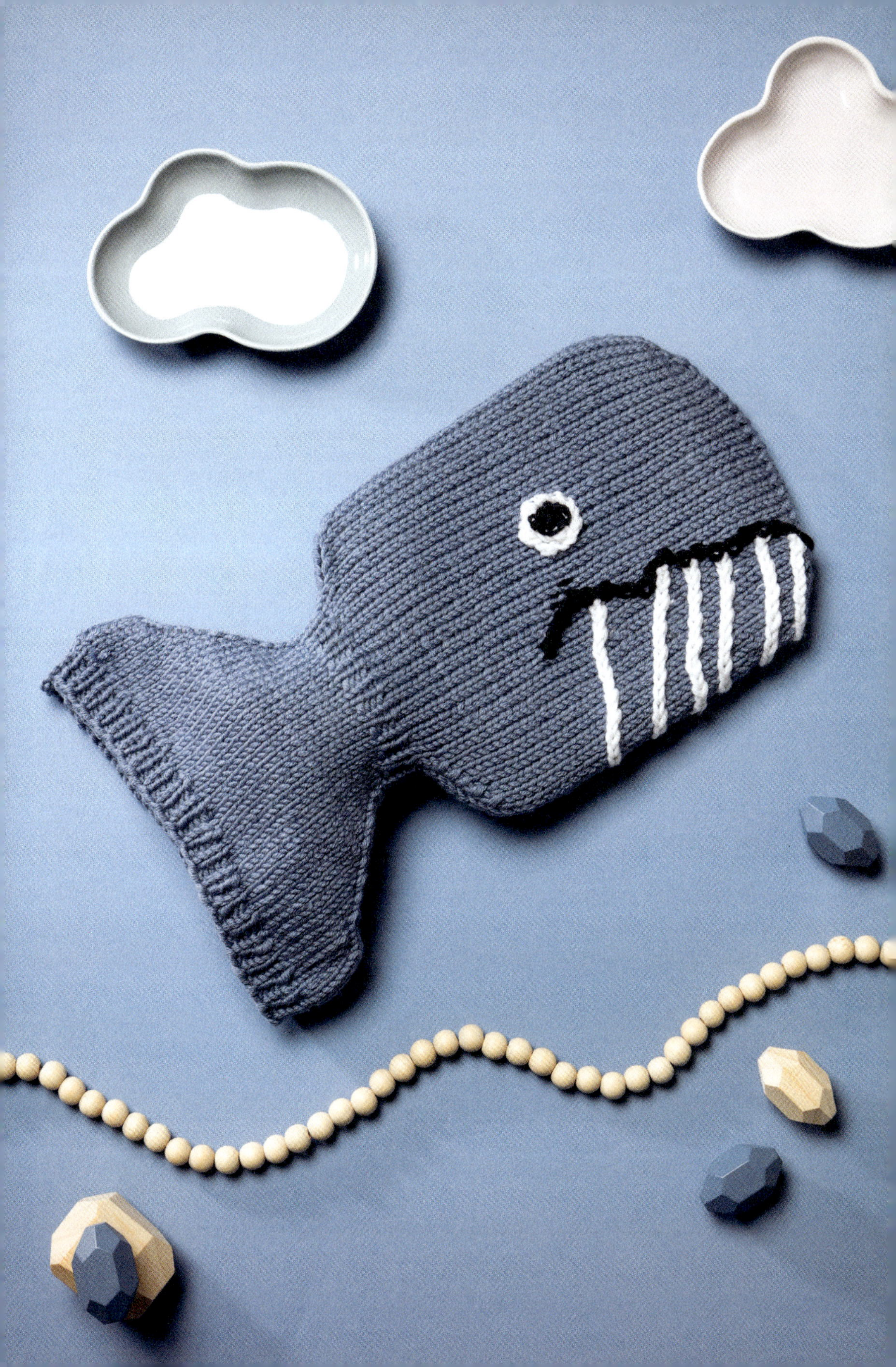

Ahoi

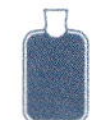

Größe

Standard-2-Liter-Flasche (siehe Zeichnung S. 13)
Fertige Maße: 31 x 22 cm

Material

Lana Grossa Meilenweit Cashmere (70 % Schurwolle, 25 % Polyamid, 5 % Kaschmir, LL 210 m/50 g) in Fb A Rot (5): 50 g, in Fb B Weiß (1): 50 g und in Fb C Blau (6): 50 g
Farbvariante blau/weiß:
Lana Grossa Meilenweit Cotone Vegano (76 % Baumwolle, 14 % Polyamid, 10 % Polyester (Elasthan), LL 420 m/100 g) in Fb A Jeansblau (23): 50 g, in Fb B Weiß (16): 50 g
Rundstricknadel 3,5 und 3,0 mm, 80 cm lang
4 Maschenmarkierer
Wollnadel

Maschenprobe

Mit Nd 3,5 mm glatt rechts mit doppeltem Fd:
22 M und 26 R = 10 x 10 cm

Grundmuster

Glatt rechts in Rd: Stets rechte M str.
Rippenmuster in Rd: *2 M rechts, 2 M links*, von * bis * stets wdh.

Streifenmuster:

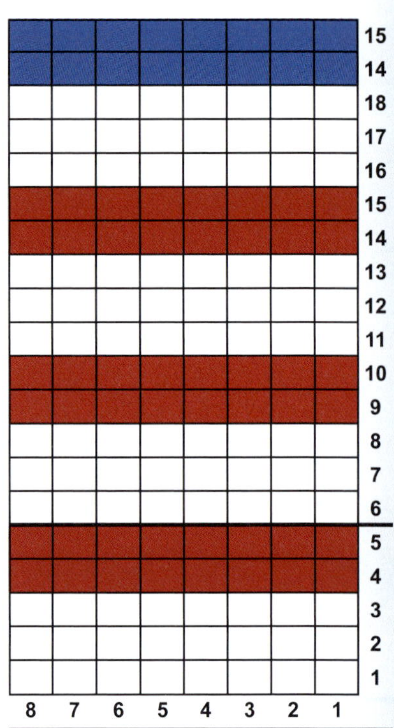

Fb A (rot)
Fb B (weiß)
Fb C (blau)

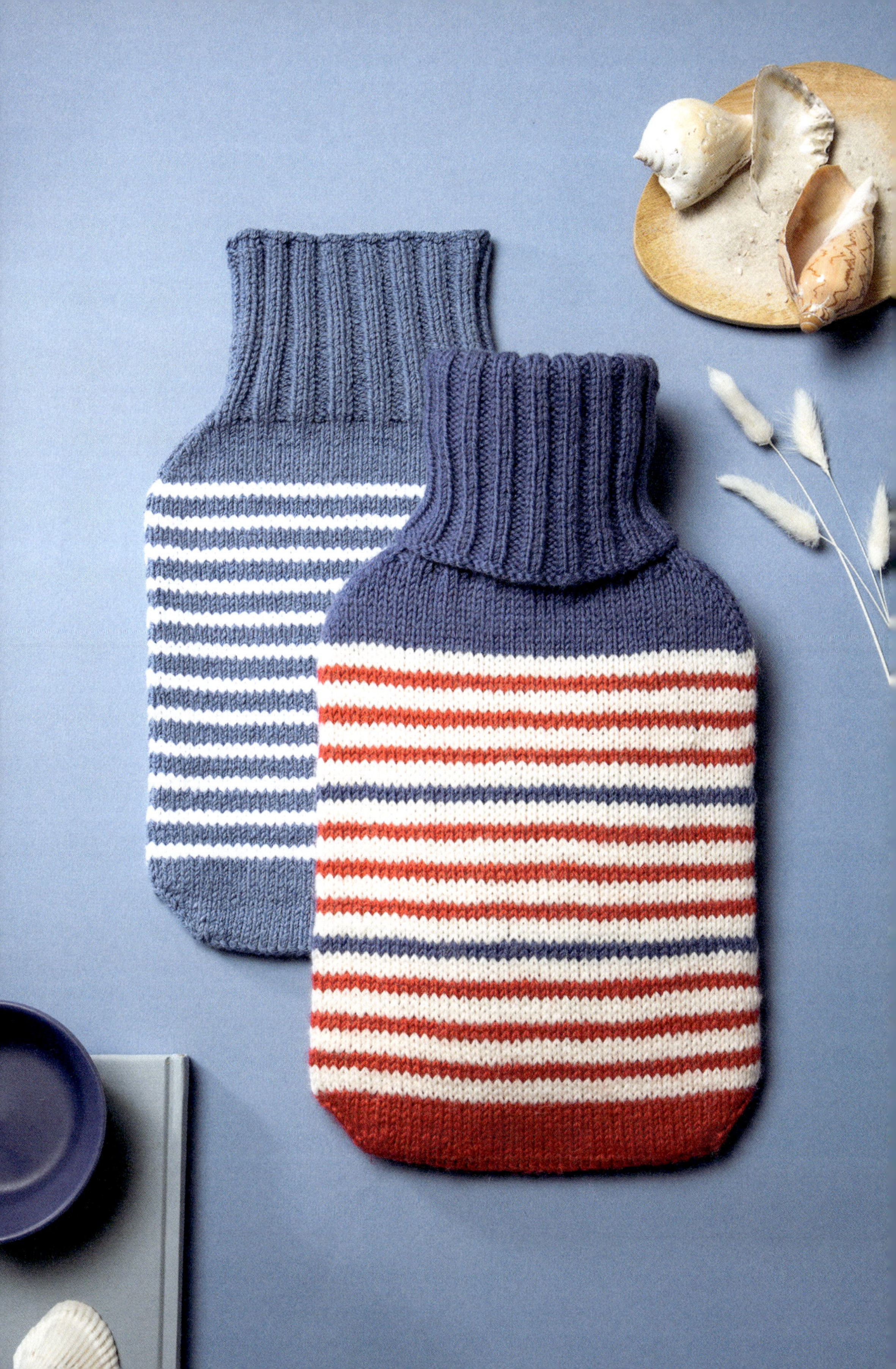

So geht's

Maschenanschlag

Mit doppeltem Fd Fb A (rot) und Nd 3,5 mm 70 M mit dem Wickelanschlag auf 2 Nd anschl (je Nd 35 M). Nun die M von jeder Nd einzeln nacheinander abstricken wie folgt:

Nächste (Rd): Die M der 1. Nd rechts abstr und die 2. Nd vorziehen. Die folgenden M der 2. Nd rechts verschr str.

Zunahmen Flaschenboden

1. Rd: 1. Nd 1 M rechts str, MM1 setzen, M1L, rechte M str bis 1 M vor Nd-Ende, M1R, MM2 setzen, 1 M rechts, 2. Nd 1 M rechts, MM3 setzen, M1L, rechte M str bis 1 M vor Nd-Ende, M1R, MM4 setzen, 1 M rechts (= + 4 M).

2./4./6. Rd: Rechte M str (alle MM abh).

3./5./7./8./9. Rd: 1. Nd 1 M rechts str, MM1 abh, M1L, rechte M str bis 1 M vor Nd-Ende, M1R, MM2 abh, 1 M rechts, 2. Nd 1 M rechts, MM3 abh, M1L, rechte M str bis 1 M vor Nd-Ende, M1R, MM4 abh, 1 M rechts (= + 4 M).

Es wurden 24 M zugenommen, und es sind jetzt 94 M auf der Nd. Ab hier kann auch mit nur einer Nd weitergearbeitet werden.

Körper

Ab jetzt mit Fb A, Fb B und Fb C 18 cm glatt rechts im Streifenmuster in Rd str (dabei alle MM abh).

Formgebung Flaschenhals

Mit Fb C Abnahmen an beiden Seiten für die Rundung arbeiten. MM1 ist jetzt der Rd-MM.

1./3./5./7./9./10. Rd: MM1 abh, 2 M rechts zusstr, rechte M str bis 2 M vor MM2, 2 M links geneigt zusstr, MM2 abh, 2 M rechts, MM3 abh, 2 M rechts zusstr, rechte M str bis 2 M vor MM4, 2 M links geneigt zusstr, MM4 abh, 2 M rechts (= – 4 M).

2./4./6./8. Rd: Rechte M str, dabei alle MM abh.

Es wurden 24 M abgenommen, und es sind jetzt 70 M auf der Nd.

Flaschenhals

Weiter mit Fb C und Nd 3,0 mm ca. 18–20 cm (8 cm) im Rippenmuster str, bzw. bis das Garn ausgeht, und sehr locker abketten.

Dabei in der 1. Rd die 2 M zwischen MM2/MM3 rechts und MM1/MM4 links zusstr.

MM2 bis MM4 entfernen.

Fertigstellung

Die restlichen Fäden vernähen, vorsichtig waschen und trocknen lassen (Angaben des Garnherstellers beachten).

Verzopft

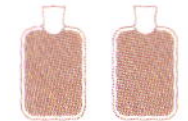

Größe

Standard-2-Liter-Flasche (siehe Zeichnung S. 13)
Fertige Maße: 31 x 22 cm

Material

Lang Yarns Yak Merino Extrafine (70 % Schurwolle, 30 % Yak, LL 120 m/50 g) in Fb Beige Mélange (26): 100 g
Rundstricknadel 4,5 und 4,0 mm, 80 cm lang
4 Maschenmarkierer
Wollnadel
Zopfnadel

Maschenprobe

Mit Nd 4,5 mm glatt rechts:
18 M und 26 R = 10 x 10 cm
Tipp: Hier das Muster 1 x str (Übung)

Grundmuster

Glatt rechts in Rd: Stets rechte M str.

Rippenmuster in Rd: * 1 M rechts, 1 M links *, von * bis * stets wdh.

Zopfmuster:

1. Rd: 1 M links, 2 M rechts, 3 M mit U aus 1 M str (1 M rechts, U, 1 M rechts), 1 M wie zum Linksstr abh (FV), 3 M mit U aus 1 M str (1 M rechts, U, 1 M rechts), 2 M rechts, 1 M links.

2. Rd: 1 M links, 2 M rechts, 3 M wie zum Linksstr abh (FV), 1 M rechts, 3 M wie zum Linksstr abh, 2 M rechts, 1 M links.

3. Rd: 1 M links, 2 M auf eine Hilfs-Nd hinter die Arbeit legen, 3 M rechts verschr zusstr, die 2 M der Hilfs-Nd rechts str, 1 M wie zum Linksstr abh (FV), 3 M auf eine Hilfs-Nd vor die Arbeit legen, 2 M rechts str, die 3 M der Hilfs-Nd rechts verschr zusstr, 1 M links.

4. Rd: 1 M links, 7 M rechts, 1 M links.

Die 1.–4. Rd stets wdh.

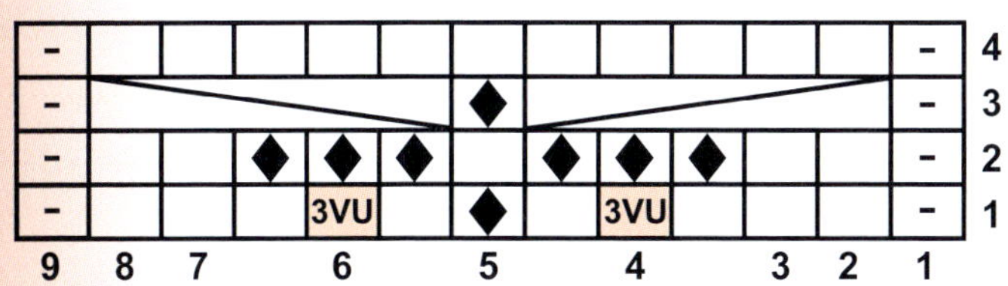

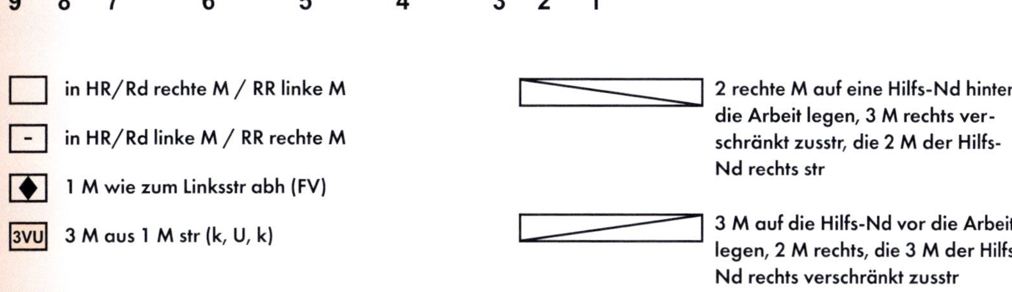

So geht's

Maschenanschlag

Mit Nd 4,5 mm 58 M mit dem Wickelanschlag auf 2 Nd anschl (je Nd 29 M).

Nun die M von jeder Nd einzeln nacheinander abstricken wie folgt:

Nächste (Rd): Die M der 1. Nd rechts abstr und die 2. Nd vorziehen. Die folgenden M der 2. Nd rechts verschr str.

Zunahmen Flaschenboden

Ab hier wird mit dem Zopfmuster auf der Vorderseite begonnen. Den MS über 9 M 3 x str und die 1.–4. Rd laut Strickschrift str. Gleichzeitig werden die Zunahmen gearbeitet.

Die Zunahmen werden an beiden Seiten jeweils rechts gestr. Ich empfehle, jeweils einen MM zwischen jeden MS zu setzen.

1. Rd: 1. Nd 1 M rechts str, MM1 setzen, M1L, MM setzen, den MS über 9 M 3 x wdh, MM setzen, M1R, MM2 setzen, 1 M rechts, 2. Nd 1 M rechts, MM3 setzen, M1L, rechte M str bis 1 M vor Nd-Ende, M1R, MM4 setzen, 1 M rechts (= + 4 M).

2./4./6. Rd: Rechte M str (alle MM abh), dabei im Vorderteil das Zopfmuster laut Strickschrift str.

3./5./7./8. Rd: 1. Nd 1 M rechts str, MM1 abh, M1L, rechte M str bis MM, MM abh, MS laut Strickschrift str bis MM, MM abh, rechte M str bis 1 M vor Nd-Ende, M1R, MM2 abh, 1 M rechts, 2. Nd 1 M rechts, MM3 abh, M1L, rechte M str bis 1 M vor Nd-Ende, M1R, MM4 abh, 1 M rechts (= + 4 M).

Es wurden 20 M zugenommen, und es sind jetzt 78 M auf der Nd. Ab hier kann auch mit nur einer Nd weitergearbeitet werden. MM1 ist nun der Rd-MM.

Körper

Ab jetzt 10 cm im etablierten Zopfmuster in Rd str, dabei mit einer 4. Rd laut Strickschrift enden (dabei alle MM abh).

Nach diesen 10 cm für 8 cm nur noch das mittlere Zopfmuster weiterführen. Die M der äußeren MS glatt rechts str und nach 8 cm mit einer 2. Rd laut Strickschrift enden (dabei alle MM abh).

Somit sind ohne Zunahme 18 cm gestrickt worden.

Formgebung Flaschenhals

Abnahmen an beiden Seiten für die Rundung arbeiten. Das mittlere Zopfmuster fortführen.

1./3./5./7./9. Rd: MM1 abh, 2 M rechts zusstr, im etablierten Muster str bis 2 M vor MM2, 2 M links geneigt zusstr, MM2 abh, 2 M rechts, MM3 abh, 2 M rechts zusstr, rechte M str bis 2 M vor MM4, 2 M links geneigt zusstr, MM4 abh, 2 M rechts (= – 4 M).

2./4./6./8./10. Rd: MM1 abh, im etablierten Muster str bis MM2, MM2 abh, 2 M rechts, MM3 abh, rechte M str bis MM4, MM4 abh, 2 M rechts.

Es wurden 20 M abgenommen, und es sind jetzt 58 M auf der Nd.

MM2 bis MM4 entfernen.

Flaschenhals

Mit Nd 4,0 mm ca. 18–20 cm im Rippenmuster str, bzw. bis das Garn ausgeht, und sehr locker abketten.

Fertigstellung

Die restlichen Fäden vernähen, vorsichtig waschen und trocknen lassen (Angaben des Garnherstellers beachten).

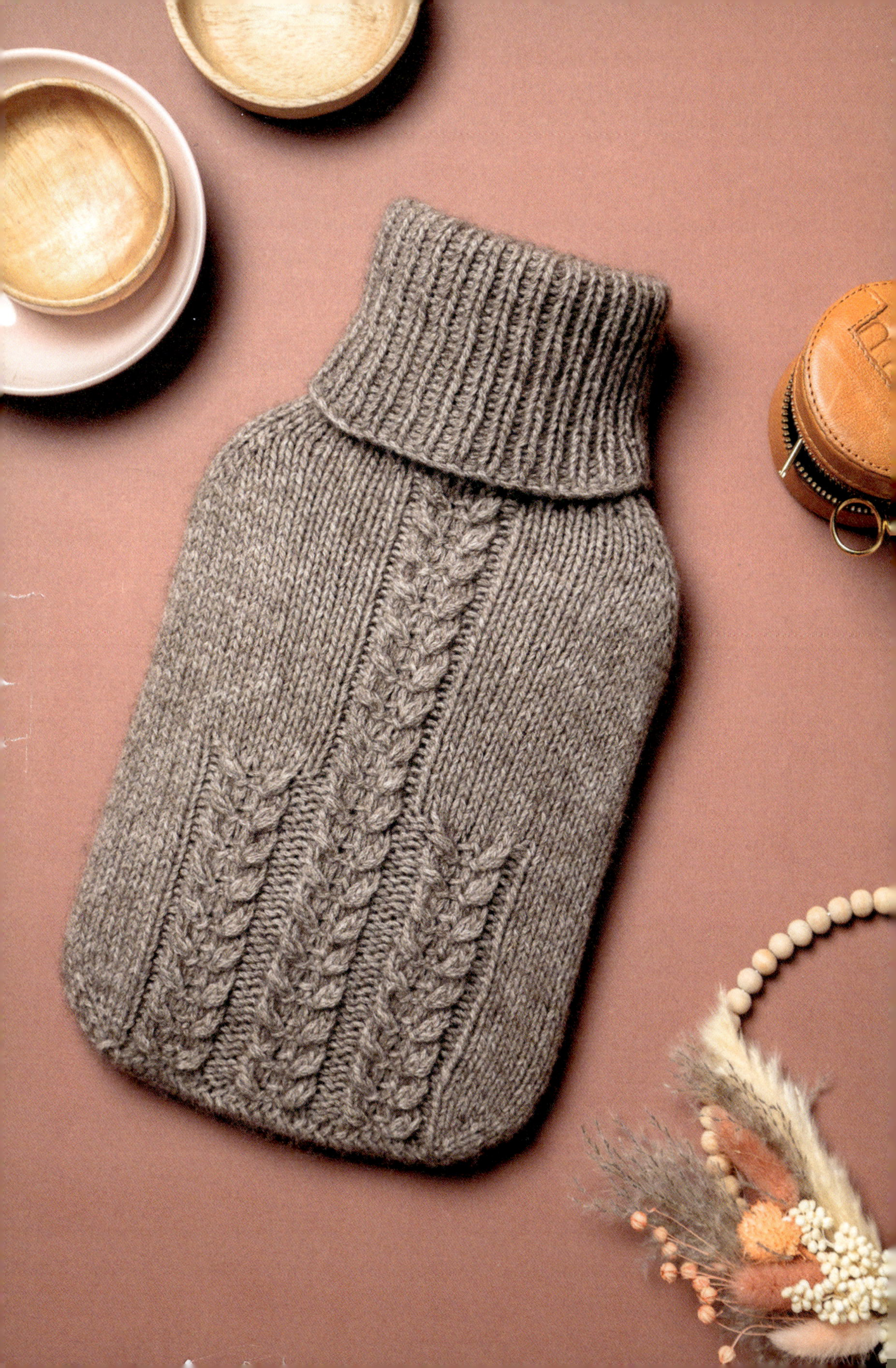

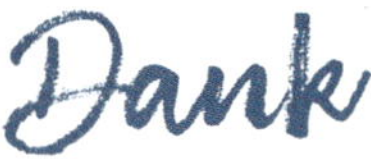

Liebe Strickerin, lieber Stricker,
danke, dass du mein „Knit your Hottie"-Wärmflaschenbuch gelesen hast. Denn was sind Worte, wenn sie keiner liest?
Danke an meine Modellstrickerinnen Katja und Claudia, die mich bei all meinen Designprojekten unterstützen.
Danke an meine Männer zu Hause, die das Wärmflaschen-Chaos um sich herum ertragen haben.
Danke an meine Mama, der ich meine Liebe zu Wärmflaschen zu verdanken habe.
Danke an meine Schwester Heike, die mich mit ihrer Kreativität und Begeisterung für Sprache inspiriert und mich immer unterstützt.
Danke an meine Teststrickerinnen Angelika, Anja, Anke, Claudia, Diana, Franziska, Frauke, Gerda, Katja, Kiki, Kirsten, Manuela, Nelly, Sabine und Sandra, die unermüdlich und auch unter Zeitdruck meine Anleitungen auf Herz und Nieren testen.
Danke an den mvg Verlag und ganz besonders an Isabella Krüger für das Vertrauen und die Idee zu diesem Wärmflaschenbuch.
Danke an Frida Fuchs, Lana Grossa, Lang Yarns und Schachenmayr für das Garnsponsoring, um dieses Projekt überhaupt möglich zu machen.

Über die Autorin

Kerstin Bovensiepen ist der kreative Kopf hinter dem Strickdesign-Label knit.ding. Mit über 100 Strickanleitungen und einer Reihe von Strickbüchern teilt sie ihre Leidenschaft und ihr umfangreiches Wissen über das Stricken auf vielfältige Weise. Neben ausführlichen Strickanleitungen bietet sie auch eine Auswahl an Onlinekursen an, in denen sie ihr Wissen und ihre Strickleidenschaft weitergibt. In ihrer Stricklounge finden Anfänger wie auch fortgeschrittene Strickerinnen konkrete Hilfe zu ihren Projekten in einem exklusiven Onlineraum zum gemeinsamen Stricken und Lernen.
Ihre Designs bestechen durch kreative Besonderheiten, die einfach zu stricken sind, leicht erkennbar durch das liebevolle Anhängsel „ding" im Namen.
Ihre Vorliebe, in Garne und Farben einzutauchen, aus denen einzigartige Stücke entstehen, kann sie in vielen Garngeschäften in ihrer Wahlheimat Berlin ausleben. Hier wohnt sie mit ihrem Mann und ihren zwei Söhnen.